OSCAR
JUNIOR

DELLO STESSO AUTORE

NELLA COLLEZIONE OSCAR JUNIOR

Una casa per Jeffrey Magee

Crash

La figlia del guardiano

Fuori dal guscio

Guerre in famiglia

Gli indivisibili

Misha corre

Quarta elementare

A rapporto dal preside

La schiappa

Stargirl

Per sempre Stargirl

La tessera della biblioteca

Tiro al piccione

NELLA COLLEZIONE OSCAR BESTSELLER

La schiappa

Stargirl

Per sempre Stargirl

NELLA COLLEZIONE CONTEMPORANEA

La figlia del guardiano

Stargirl

Terza elementare

Particelle atomiche

Ricordami di mercoledì

NELLA COLLEZIONE IMPERDIBILI

Stargirl

JERRY SPINELLI

LA FIGLIA DEL GUARDIANO

Traduzione di Manuela Salvi

Progetto grafico di Alice Cubeta, Stefano Moro e studio editoriale copia&incolla, Verona
Font calligrafica "OJM" a cura di Marco Campedelli & O,nice! Design Studio
Redazione di Martina Scarpa

www.ragazzimondadori.it

Titolo dell'opera originale *The Wharden's Daughter*
Prima edizione nella collana "Contemporanea" settembre 2017
Prima edizione nella collana "Oscar junior" settembre 2022
Nuova edizione nella collana "Oscar junior" aprile 2024
Stampato presso ELCOGRAF S.p.A.
Stabilimento di Cles (TN)
Printed in Italy
ISBN 978-88-04-78481-4

Ai meravigliosi membri dello staff
e agli studenti della Glenolden School

CAMMIE 2017

Oggi è una voliera.

Ma un tempo era una prigione. La prigione della contea di Hancock.

Ogni blocco risuonava dei manganelli che battevano sulle sbarre, e di parolacce, giorno e notte. Ora i fringuelli, le dendroiche e i cardinali scarlatti cantano e svolazzano dietro le pareti di vetro.

La vecchia Stanza della Quiete, con il suo tetto trasparente e la carriola di stagno che rovesciava acqua in una piccola piscina, era stata progettata per tenere calmi i detenuti. Non ci andava quasi nessuno, a parte i volontari che curavano le piante e i fiori. Adesso ci vanno i bambini, che gridano di felicità quando le farfalle si posano sulle loro teste o le loro spalle.

Dove una volta c'erano due cortili per l'ora d'aria – uno per gli uomini e uno per le donne – c'è un unico giardino, un paradiso in cui scorrazzano tartarughe e struzzi. C'è perfino una seconda cascata, alta come il muro. Vialetti di ghiaia. Stagni. Ninfee. Pesci rossi grossi come carpe.

Un solitario avvoltoio collorosso atterra qua e là, dove più gli piace.

A parte l'insegna, all'esterno la prigione ha conservato lo stesso aspetto: quello di una fortezza medievale. Mura massicce di pietra fuligginosa. Porte di quercia ad arco. Una torre alta fino al cielo con strette feritoie per gli arcieri, in caso il castello avesse avuto bisogno di difese.

La prigione era grande come un isolato. Ospitava oltre trecento detenuti, uomini e donne, dai ladri agli assassini.

E una famiglia.

La mia.

Io ero la figlia del guardiano.

CAMMIE 1959

CAPITOLO PRIMO

L'odore del pasticcio di maiale si era sparso per tutto l'appartamento.

«Posso insegnarti a farlo da sola» disse lei. «È facile.»

«Voglio che lo faccia tu» replicai.

«Presto sarai una signorina. Prima o poi dovrai imparare.»

«Lo stai già preparando tu, no?» le dissi. «Caso chiuso.»

Si chiamava Eloda Pupko ed era una delle detenute fidate. Si prendeva cura del nostro appartamento, sopra l'ingresso principale della prigione. Lavava. Stirava. Spolverava. In altre parole, era la nostra domestica.

In quel momento mi stava intrecciando i capelli.

«Va bene» disse. «Fatto.»

Emisi un lamento. «Già?» Non volevo che finisse.

«È solo un ciuffetto.» Gli diede una tiratina.

Era vero. Avevo chiesto una treccia al centro della

nuca, ma tutto ciò che i miei capelli corti permettevano era al massimo un codino spennacchiato.

La sentii allontanarsi e mi girai di scatto. «No!»

Si fermò e si voltò, le sopracciglia aggrottate. «No?»

Sparai la prima frase che mi venne in mente. «Ci devi mettere un nastro.»

Lei spalancò gli occhi. E poi scoppiò a ridere. E rise ancora.

Sapeva quello che sapevo bene anch'io: non ero per niente una ragazzina da nastro nei capelli. Stavo seduta sullo sgabello alto in salopette, scarpe da ginnastica bianche e nere e una maglietta a strisce. Il mio guantone da baseball mi aspettava sull'altro sgabello.

Quando ebbe finito di ridere, disse: «Un nastro? Su un razzo incendiario?».

Aveva ragione.

Il mio soprannome era Tornado. E quanto all'incendiario…

Quella primavera a scuola avevamo studiato gli Unami, i nativi americani della nostra zona. La cosa mi aveva ispirato l'idea di accendere un fuoco alla loro maniera. Per ragioni chiare solo nel cervello di una ragazzina di seconda media, avevo deciso di farlo nella vasca da bagno.

Al ritorno da scuola, un giorno, avevo deviato sui binari della ferrovia per andare al torrente a raccogliere quello che mi serviva: una pietra di quarzo, un grosso chiodo arrugginito e una manciata di sterpaglia secca da sotto un gruppo di pini. Avevo sistemato tutto nella vasca da bagno e poi ci ero entrata dentro.

Avevo strofinato e graffiato la pietra contro il chiodo. Le braccia mi si stavano quasi per staccare, quando avevo visto un piccolo ricciolo di fumo salire dalla sterpaglia. Ci avevo soffiato sopra. Era apparsa una scintilla.

«Che stai facendo?» aveva esclamato Eloda apparendo sulla soglia. Avevo alzato lo sguardo verso di lei e poi avevo gridato, perché la scintilla aveva dato vita alle fiamme che mi avevano scottato il pollice. La pietra e il chiodo erano caduti sulla porcellana con un rumore metallico. Eloda aveva aperto il doccino, spegnendo il fuoco e inzuppando me. Quando avevo finito di asciugarmi e mi ero cambiata, lei mi aveva messo della vaselina e un cerotto sulla bruciatura e mi aveva detto di raccontare che mi ero tagliata affettando dei pomodori.

Eloda mi toccò la mano. «Fammi vedere.»

Le mostrai la bruciatura. Era uno sbaffo rosa chiaro, per niente infiammato come all'inizio. Lei prese la mia mano tra le sue e la tenne più del necessario.

«Regola numero uno» disse.

«Niente più incendi» risposi. Mi faceva recitare quelle parole ogni volta che mi cambiava il cerotto.

Poi le sue mani mi lasciarono, ma continuai a sentire la sua presenza. Erano i suoi occhi. Mi fissava in un modo che sembrava significare qualcosa, ma che avrei decifrato solo molti anni più tardi.

«Ecco cosa facciamo» disse, rompendo l'incantesimo. «Quando riusciremo a completare tre intrecci, ti metterò un nastro.»

E di nuovo fece per andarsene.

E di nuovo sparai: «Sei così fortunata».

Di nuovo lei si fermò. «Sono proprio io. Miss Fortunata.»

«Dico sul serio. Ti danno il pasticcio tutti i giorni.»

«Vero» disse. «È per questo che ho deciso di vivere qui. Per il pasticcio.» Si avviò.

«Ferma!» dissi.

Si fermò, in attesa, volgendomi la schiena.

«Non puoi andartene.»

«Ho del lavoro da sbrigare.» Andò nella sala da pranzo.

«Sono io il tuo capo!» la chiamai, e immediatamente desiderai di potermelo rimangiare.

Stranamente lei non sembrò essersela presa. Sospirò. «Signorina O'Reilly...»

«Mi chiamo Cammie» la interruppi.

«Signorina Cammie...»

«No!» sbottai. «Senza signorina. Solo Cammie.» Lei mi fissò. «Dillo.» Lei continuò a fissarmi. «Per favore!»

Adesso era arrabbiata. Il mio nome, appena udibile, venne fuori come un respiro: «Cammie...».

E se ne andò.

Quello era il quarto giorno delle vacanze estive dei miei dodici anni, e avevo deciso che Eloda Pupko sarebbe diventata mia madre.

CAPITOLO SECONDO

Anche se allora non lo sapevo, quella decisione aveva cominciato a formarsi dentro di me più di un mese prima. Di domenica.

Durante la festa della mamma.

Come al solito, io e mio padre eravamo andati in macchina al cimitero di Riverside, a ovest della città. Come sempre, lui aveva parcheggiato sul prato e avevamo camminato fino in cima alla collina. Ci eravamo fermati a destra del grande albero. Avevamo guardato la lapide, e la scritta che conoscevamo a memoria:

ANNE VICTORIA O'REILLY
6 APRILE 1921
3 FEBBRAIO 1947
MOGLIE E MADRE AMOREVOLE

Come sempre, avevo sistemato un vasetto di narcisi davanti alla lapide. Come sempre, eravamo rimasti lì senza dire niente, a fissare la pietra.

Non ricordo nulla di mia madre. Morì quando ero molto piccola. Morì investita da un furgoncino per il trasporto del latte un attimo dopo avermi salvata.

Fu l'incidente più famoso dell'anno a Two Mills. Forse il più famoso di sempre. Rese famosa anche me, La Bambina Salvata Dalla Madre Prima Di Essere Investita Dal Furgoncino Del Latte. E quando mio padre fu assunto come direttore della prigione, diventai ancora più famosa.

Come sempre, avevo capito che era il momento di tornare alla macchina quando mio padre aveva detto: «Okay».

Dopo, andavamo sempre da qualche parte. Allo zoo di Filadelfia. A fare una gita in barca sul Delaware. Nella contea di Lancaster con i carretti degli Amish. Quell'anno andammo a vedere una partita dei Phillies. Ci andavamo tre o quattro volte a stagione, sempre di domenica. Ma mai il giorno della festa della mamma.

Allo stadio distribuivano garofani a tutte le mamme. Ci sedemmo lungo il bordo destro del campo, in un punto in cui piovevano un sacco di palle foul. Come sempre, avevo con me il mio guantone. Adoravo il baseball. Siccome ero femmina e non potevo entrare nella lega giovanile, sognavo di acchiappare una palla foul a una partita della serie A.

A metà del settimo inning si alzarono tutti, ma nessuno fu più veloce di me. Ero molto orgogliosa di essere la prima ad alzarmi per la stiracchiata del settimo inning. Mi assicuravo sempre di flettere le spalle e arcuare la schiena, che a quel punto era rigida per essere rimasta ferma così a lungo.

E poi successe qualcosa di inaspettato.

L'organo smise di suonare *Take Me Out to the Ball Game* e dagli altoparlanti si udì: «Signore e signori, per favore sedetevi!». Trentamila persone ubbidirono. La voce continuò: «Come sapete, oggi è la festa della mamma». Sentii un vago brivido. «Se guardate verso la tribuna sul lato della prima base, vedrete le madri e le mogli di molti nostri giocatori. Signore, alzatevi, vi prego.»

Diverse file di donne si alzarono e si voltarono verso la folla. Sorridevano e salutavano con la mano. Avevano tutte un garofano rosa in mano. Lo stadio applaudì, esultò e fischiò. Sembrava quasi che qualcuno avesse segnato un punto.

E poi la voce disse: «E ora si alzino tutte le mamme presenti! Vogliamo ringraziarvi per tutto quello che fate e mandarvi il nostro amore!». La folla fu percorsa da un'altra ondata e centinaia, migliaia di donne si misero in piedi – giovani e anziane, in un turbinio di garofani rosa – per bearsi delle grida e dei fischi festosi.

Se dovessi descrivere il mio primo pensiero in quel momento, sarebbe qualcosa del genere: *Wow, così tante madri e nessuna è la mia.* Fu una semplice constatazione priva di emozioni.

E poi eccola.

Accanto a me, a pochi centimetri dalla mia spalla, una presenza di cui mi ero a malapena accorta balzò bruscamente in piedi. Le sue scarpe erano bianche come confetti, con dei fiocchi altrettanto bianchi ricamati in oro e la punta aperta, che mostrava gli alluci. Indossava un vestito verde menta. I suoi guanti candidi come la neve avevano due piccole aperture sui polsi.

Osai alzare gli occhi per guardarla in faccia. Fui sorpresa che non stesse sorridendo. Aveva piuttosto uno sguardo orgoglioso. E poi si mise a ridere e guardò in basso dall'altro lato mentre una vocina diceva: «Vai, mamma!».

Fu in quel momento che scoppiai in lacrime. Così. Senza preavviso. Senza motivo. E non riuscivo a smettere. Il sorriso della donna si trasformò in un'espressione di orrore. Una mano guantata di bianco raggiunse la sua bocca rosso fuoco. «Oh, tesoro» mormorò. E poi mio padre mi mise un braccio intorno alle spalle e mi strinse, e mi chiese quale fosse il problema e se volevo andarmene e io balbettai: «No!», e picchiai il pugno contro il mio guantone finché le lacrime non si asciugarono.

Restammo fino alla fine. Non guardai più la signora verde menta, e non ci arrivò nessuna palla foul.

CAPITOLO TERZO

Come si fa a essere figli di una madre che non si è mai conosciuta?

Per dodici anni mio padre era stato abbastanza. Le foto di famiglia e gli articoli di giornale ingialliti erano stati abbastanza.

Certo, pensavo a mia madre da quando avevo ascoltato tutta la storia. Anne O'Reilly. La donna che mi salvò dal furgoncino del latte.

Avevo pianto per lei. Per me, a volte.

Tutto qua. Il mondo andava così.

Alcuni bambini avevano la mamma. Cammie O'Reilly no.

Ora, nelle settimane che seguirono la festa della mamma, qualcosa cominciò a cambiare.

Abbastanza non era più abbastanza.

Sentimenti sopiti e risvegliati da un sorriso in uno stadio furono smossi e mescolati finché non formarono un pensiero: ero stanca di essere orfana di madre. Ne volevo una. E poi un secondo pensiero: se non potevo avere la titolare, ne avrei presa una tra le riserve.

Ma chi?

Un'insegnante?

La prossima signora che mi avrebbe sorriso?

Il punto di non ritorno arrivò con tre parole.

CAPITOLO QUARTO

«Mettili nel lavello.»
«Okay, facciamo un passo indietro.

L'ultimo giorno di scuola durò la metà rispetto al solito. Corsi fino a casa, attraversai a razzo la Reception, salii la lunga scala fino al nostro appartamento nella prigione. Mi sedetti al tavolo della cucina, dove c'era il mio pranzo ad aspettarmi. Un sandwich al burro di arachidi e marmellata. Dolcetti al cioccolato. E un bicchiere vuoto – ma non per molto. Apparve una mano a versare latte al cioccolato da una bottiglia di vetro della centrale del latte.

Una mano – ecco come mi venne in mente. C'era sempre stata una mano a servirmi questo e a pulire quello. In assenza di mia madre, ero cresciuta con uno stuolo di mani servizievoli che si erano prese cura di me. Le mani delle detenute con cui mio padre si fidava a lasciarmi durante il giorno, mentre lui lavorava. Le mani erano corredate di volti e di nomi, ma per me erano soprattutto mani. Mani che soddisfavano le mie necessità, spesso senza che avessi nemmeno bisogno di chiedere. Mani al mio servizio.

La mano che versò il latte al cioccolato quel giorno era semplicemente l'ultima di una lunga lista. Differiva dalle altre per un solo dettaglio: la persona a cui apparteneva. Eloda Pupko. Sembrava il nome di un personaggio dei fumetti. Chiesi a mio padre se fosse il suo vero nome. Rispose di sì.

Perciò la mano di Eloda Pupko versò il latte e io mangiai il mio pranzo e mi alzai da tavola ed ero quasi fuori dalla cucina…

Quando accadde.

«Mettili nel lavello.»

Mi fermai, sorpresa. Riconobbi la sua voce ma non capii con chi stesse parlando.

La sentii di nuovo. «Mettili nel lavello.»

Mi girai. Lei era in piedi accanto al tavolo. Era chiaro che guardava dritto verso di me.

«Cosa?» chiesi.

Lo ripeté per la terza volta. «Mettili nel lavello.»

Sentii le parole. Le compresi, una per una. Ma non avevano senso.

«*Cosa* devo mettere nel lavello?» Nella mia testa le stavo già facendo un favore ponendole quella domanda, senza voltarle le spalle e uscire dalla stanza.

«I piatti che hai usato per il pranzo» disse. «Vanno nel lavello.»

La sua richiesta mi era completamente nuova, non aveva precedenti. Il mio lavoro era sedermi, mangiare, alzarmi e andarmene. Il suo era occuparsi di tutto quello che mi lasciavo dietro.

«Non posso» le risposi. Sollevai il mio povero pollice ustionato e coperto di bende. «Sono ferita.» E me la svignai.

Quel primo pomeriggio delle vacanze estive me ne andai in giro in bici. La zona a est. La zona a nord. E poi a ovest. Il parco. Lo zoo. Celebrando la libertà da libri e compiti, immaginai di toccare i cento chilometri orari mentre sfrecciavo giù per Monkey Hill.

Quando rientrai a casa, Eloda stava passando l'aspirapolvere sul tappeto del salotto. Mentre attraversavo la stanza cercai di non guardare, ma non ci riuscii. La roba del pranzo – piatto, bicchiere, tovagliolo – era ancora sul tavolo.

Alle cinque del pomeriggio diedi un'altra occhiata: non era cambiato nulla. Mio padre di solito rientrava alle sei. Da un momento all'altro Eloda Pupko sarebbe andata in cucina a prepararci la cena. Avrebbe lasciato la mia roba in disordine in modo che mio padre la vedesse? Avrebbe osato farlo?

Afferrai le cose dal tavolo e le mollai nel lavello, il più rumorosamente possibile. E sentii la sua voce: «Sarà meglio che le lavi, visto che ci sei. Non posso cucinare con delle stoviglie sporche nel lavandino. Mettile ad asciugare sullo scolapiatti».

Io rimasi a fissare il lavello. Ma non lo vedevo. Vedevo me stessa spaccare il piatto e il bicchiere in mille pezzi, sbattendoli sul pavimento. E dire nel mio miglior tono da padrona di casa: "Prova adesso a metterli sullo scolapiatti, serva".

Quella scena liberatoria non si tramutò mai in realtà. Lavai i piatti, li misi a scolare e mi fiondai nella mia stanza.

Il giorno dopo non rischiai. Presi la mia paghetta, andai in centro da Blue Jay e feci colazione lì. Pasticcio di maiale. Lo stesso a pranzo. Altro pasticcio di maiale.

Ma il giorno dopo, come al solito, ero di nuovo al bancone della cucina per la colazione. Lasciai lì i miei piatti. Mentre me ne andavo, aspettai che Eloda commentasse. Non lo fece.

Stessa cosa a pranzo: lasciai il tavolo in disordine. Me ne andai. Solo una parola, quasi cantata: «Piatti».

Seppi subito perché rimasi a casa a mangiare il giorno seguente. Non stavo solo aspettando di sentire quell'ordine. *Volevo* sentirlo.

Portai i piatti al lavello, li lavai e li misi sullo scolapiatti. Passai addirittura la pezza umida sul tavolo.

Il terzo giorno – colazione e pranzo – pulii senza che mi venisse richiesto.

Perché?

Perché in quella voce – «Mettili nel lavello» – riconobbi qualcosa che aspettavo di sentire da dodici anni. Non veniva da mio padre ma da una donna che in casa mia aveva già occupato lo spazio di mia madre. Certo, anche le altre domestiche lo avevano fatto. Ma quella... quella stava facendo qualcosa di nuovo. Usava parole da mamma. Con me. E all'improvviso, ora che la mia infanzia era quasi finita, sembrava che mi venisse offerta la possibilità di diventare qualcosa che non avevo mai pensato di poter essere: la figlia di una madre.

La afferrai al volo.

È così che facevo le cose. Al volo. Se ti mettevi sulla mia strada, erano cavoli tuoi. I miei compagni di scuola lo avevano imparato presto. Non avevo ancora finito la prima elementare che già mi avevano soprannominata Tornado.

Perciò, la mattina dopo, alla domestica fu affidato un nuovo compito. «Voglio una treccia» dissi.

Suonava folle perfino a me, perché una treccia era roba da femmine e io ero un maschiaccio. Ma avevo deciso che farmi pettinare era un magnifico momento per costruire un legame madre-figlia. Non mi scoraggiai davanti alla riluttanza di Eloda Pupko. Volevo convincerla. Volevo lavorarla al fianco. Ne avrei fatto una mamma. Quando aveva chiesto a Cammie Tornado di lavare i piatti, non aveva idea di che cosa aveva scatenato.

CAPITOLO QUINTO

Sentii i passi sui gradini prima ancora che qualcuno bussasse. Corsi alla porta e cercai di aprirla, invano. Avevo di nuovo dimenticato la gigantesca barra di sicurezza che avrebbe dovuto proteggerci da orde di prigionieri in rivolta, e forse anche da King Kong. Sollevai la barra e aprii la porta a Reggie Weinstein, la mia migliore amica.

Reggie aveva tutto quello che a me mancava. Bellezza. Trucco. Tette. Il che era abbastanza spiazzante. Ma quando ti faceva uno dei suoi sorrisi a trentadue denti, con quella bocca incorniciata dal rossetto, era come essere travolti da un camion in fiamme. Mi sventolò un 45 giri in faccia e gridò: «Ce l'ho!».

Lessi l'etichetta: RCA VICTOR, ELVIS PRESLEY, I WANT YOU I NEED YOU I LOVE YOU.

Ci mettemmo a strillare e a saltare… e in un attimo il vinile stava andando sul mio giradischi… e noi ballavamo intorno al tavolo da pranzo, intorno a Eloda che spolverava, mandandoci baci e facendo mille mosse mentre cantavamo: «*I want you, I need you, I love you! Uh uh uh! With all my*» – e qui allungavamo la vocale con il tono sexy di Elvis – «*heaaaaaaart!*».

Crollammo sul tappeto, ridendo, mentre Eloda ci scavalcava per andare a chiudere a chiave la massiccia porta di quercia. Restammo sdraiate sulla schiena a ridacchiare.

Reggie annusò l'aria e fece una smorfia. «Odio quest'odore. È la vera punizione, da queste parti. Ti condanno a tre anni di pasticcio di maiale.»

Io feci un lungo sospiro sognante. «Non appena sarò maggiorenne, mangerò pasticcio di maiale tutti i giorni della mia vita.»

«Non con me, questo è sicuro.» Mi diede un colpetto. «Dai, fammi vedere. Girati.»

Voltai la testa. Lei mi tirò il codino. «Un solo intreccio» disse. «Davvero patetico. Chi te l'ha fatto? Il direttore della prigione?»

«Eloda.»

«La cameriera.» Sentivo le sue dita che ispezionavano il lavoro. «Non male. Ma è ridicolo, così corto. Un nastro potrebbe aiutare.»

«Ne avrò uno non appena si potranno fare tre intrecci» dissi.

Lei sospirò in modo teatrale. «Tragico.» Mi bussò sulla schiena. «Girati. La faccia.»

Mi voltai di nuovo. Nessun dottore o dentista aveva mai studiato il mio viso con tanta attenzione. Reggie aveva una missione: fare di me una signorina prima di cominciare la terza media alla Stewart Junior High. Sbuffò sonoramente e scosse la testa in segno di disapprovazione. «I tuoi occhi sono un disastro. Il che non significa che le tue labbra e la tua carnagione siano qualcosa di cui andare fieri. E sai qual è il fatto davvero tragico?»

«Quale?» risposi.

«Che anche se riusciamo a sistemare tutto – capelli, occhi, bocca – e non è detto che ci riusciamo – c'è ancora quel naso.» Me lo tirò con due dita. Forte.

«Ahi!» mi lamentai.

Lei mollò la presa. «Vedi? Torna indietro come gomma. Non posso farci niente.»

«Potresti metterci della cipria» proposi, cercando di alleggerire la tragedia.

Lei non rise. Indicò il mio pollice bendato. «Quello non aiuta. Ti fa sembrare un maschiaccio trasandato.»

«Io *sono* un maschiaccio trasandato» le ricordai.

I suoi occhi si alzarono al cielo. «Dio, aiutami.»

Mi ispezionò dalla punta dei piedi a quella dei capelli, sempre scuotendo la testa. Stava soffrendo. Mi sentii in colpa.

Quando i suoi occhi raggiunsero il mio petto, si fermarono. Stazionarono lì per un minuto buono mentre lei sospirava e scuoteva la testa. Alla fine disse: «Quando inizia la scuola?».

«Il giorno dopo la Festa del Lavoro» risposi.

Annuì. «Okay. Hai tempo fino ad allora. Se non spunta niente prima della Festa del Lavoro, ci infilerò un paio di calzini.» Alzò le braccia al cielo. «Devo pur avere qualcosa su cui lavorare.»

Volevo aiutarla, davvero. Ma riuscivo solo a dire

sciocchezze. «Forse se trattengo il respiro per molto tempo» suggerii, «salteranno fuori.»

«Forse» replicò lei, «se smetti di andare al bagno.»

«Bleah!» strillai e le tirai un calcio e ci mettemmo di nuovo a ridere lì sul pavimento.

Ascoltammo *I Want You I Need You I Love You* almeno venti volte prima che Reggie spegnesse il giradischi e dicesse: «Okay, sono pronta a conoscere un assassino».

CAPITOLO SESTO

«Non se ne parla» le risposi mentre aprivo la porta sul retro.

«Mi accontento anche di un omicidio colposo» rilanciò lei speranzosa.

«Andiamo nell'ala femminile» dissi.

«Voglio gli uomini. Gli assassini.»

«Scordatelo. Non possiamo avvicinarci a loro.»

«E chi lo dice?»

«Secondo te?»

«Odio il direttore.» Fece una smorfia. «Ci rovina il divertimento di essere in una prigione.»

«Sei già fortunata che ti lasci fare questo» le ricordai. Fino a quel giorno, i miei ospiti erano sempre rimasti confinati nel nostro appartamento. La sera prima, incredibilmente, mio padre aveva acconsentito che Reggie mi accompagnasse nel giro quotidiano per chiacchierare con le detenute attraverso la rete. La guidai giù per la scala esterna e attraverso il cortile.

Reggie si piazzò davanti alla rete di metallo che separava il nostro cortile da quello delle donne. Sembrava una bambina allo zoo e se ne stava a bocca aperta. «Wow!»

La prigione non ospitava mai più di una trentina di detenute alla volta. (Nessuna di loro era un'assassina, al contrario degli uomini rinchiusi nell'altra ala.) Gironzolavano nel cortile polveroso, conversando e passeggiando. Alcune sedevano all'ombra, le schiene appoggiate contro il muro di pietra che le divideva dagli uomini. In un angolo, due donne giocavano al volano, senza una rete in mezzo.

Erano vestite tutte uguali, con un informe abito di tela di jeans. Un sacco, in pratica. Senza tasche.

Ovunque guardassi, c'erano sigarette che si baciavano. Mio padre sapeva quanto i suoi ragazzi – così li chiamava, "i suoi ragazzi" – desiderassero fumare. Ma non si fidava a lasciar loro dei fiammiferi. La sua soluzione: quando i detenuti, uomini e donne, raggiungevano i rispettivi cortili in fila indiana, un membro dello staff era autorizzato ad accendere la sigaretta a uno di loro. Da quel momento, l'unico modo per accendersene un'altra era farla baciare con una già accesa. Quasi tutte avevano una sigaretta in bocca e un pacchetto in mano, anche le giocatrici di volano.

La maggior parte delle donne erano bianche, con la pelle chiara come una mou pannamenta.

Una di loro stava cercando di porre rimedio alla cosa. Deena, che era dentro per avere rubato i fondi dell'arcidiocesi destinati ai preti in pensione, stava sdraiata su un asciugamano da bagno vicino al muro occidentale. Si era tirata il vestito sopra le ginocchia pallide. Un paio di occhialini in plastica nera a forma di uovo le schermava gli occhi. Si metteva tutti i giorni nello stesso posto.

La detenuta più grossa e rumorosa era Boo Boo. Boo Boo era una delle donne nere, una mezza dozzina in tutto. Era una taccheggiatrice, ma mi era sempre risultato difficile immaginarla a fare qualcosa di silenzioso e furtivo. Il suo ruggito – «Ehi, miss Cammie!» – echeggiò mentre attraversava il cortile sobbalzando e ridendo come un grosso pallone da spiaggia rivestito di jeans. I capelli eruttavano dalla sua testa come un vaporoso fungo atomico, che aggiungeva almeno venti centimetri alla sua già imponente statura.

Fu questo spettacolo a tirar fuori il «wow» di Reggie.

La rete si piegò verso di me sotto l'impeto dell'arrivo di Boo Boo. Dieci lunghe unghie rosse spuntarono dalle maglie di ferro.

«Ciao, Boo Boo» dissi.

«E questa chi è, miss Cammie?» chiese.

«È la mia amica Reggie. Reggie, questa è Boo Boo.»

«*Migliore* amica» specificò Reggie.

Boo Boo si illuminò. «Piacere! Puoi chiamarmi Boo se vai di fretta.» Rise e infilò un dito in una maglia della rete. «Sono una taccheggiatrice.»

Reggie esitò, poi le strinse il dito. Boo Boo rise di nuovo. Era la persona più allegra che avessi mai conosciuto.

Boo Boo si fece pensierosa. «Reggie… non è un nome da maschio? Ho un cugino che si chiama così.» Fece un cenno alla guardia sulla torretta. «Jim! Ti sembra un maschio, questo?»

Pantaloncini corti verde acqua. Sandali argentati. Smalto verde acqua ai piedi. Camicetta di seta grigia. Tutto in Reggie gridava: ho diciassette anni! A parte i suoi occhi, accesi dalle attenzioni di Boo Boo, che dicevano: sono una bambina. E oggi è come se fosse Natale.

Jim Carilla, la guardia che stava nella torretta i giorni infrasettimanali, fece un cenno di saluto ma non rispose.

Una voce emerse invece dalle altre donne nere raggruppate dietro Boo Boo. Una voce che disse: «Meno male che gli uomini non possono vederla».

Dal muro interno giungeva un flusso costante di grida. Gli uomini stavano giocando a baseball. Boo Boo tirò fuori una sigaretta dal suo pacchetto. La infilò attraverso il recinto e disse a Reggie: «Fumi?».

Reggie la fissò per un secondo, poi la prese. «Grazie.»

Gliela feci cadere con uno schiaffo sulla mano. «Non nella mia prigione» dissi, e Boo Boo rise di nuovo. All'improvviso si sentì un trambusto provenire dall'estremità più lontana del cortile. Le giocatrici di volano, Helen e Tessa, stavano gridando:

«Che hai fatto?»

«Tu che dici?»

«Avevamo solo quella!»

«E allora valla a prendere!»

Tessa aveva spedito la pallina del volano oltre il muro posteriore.

«Stupida feccia!»

«Feccia, eh?»

Tessa si infuriò e fece volare la racchetta al di là del

muro. Ora Helen avanzava verso di lei, tenendo la sua come una clava.

Tessa si tappò una narice e sparò del moccio dall'altra, lanciandolo nella polvere. Strinse i pugni. «Fatti sotto...»

Nel cortile non si muoveva nient'altro.

«Cavoli» borbottai. Gridai: «Ehi! Smettetela, voi due! Ci vado io!». Presi la mano di Reggie. «Andiamo.»

CAPITOLO SETTIMO

Sfrecciammo su per la scala posteriore, attraverso l'appartamento, poi scendemmo la scala principale e uscimmo su Airy Street, dove Reggie gridò: «Alt!». Liberò la sua mano dalla mia stretta e, con un gesto, mi invitò a proseguire. «Vai. Io cammino.»

Non ne fui sorpresa. Da quando era diventata affascinante, Reggie non correva più. Né sudava.

Corsi nel vicolo tra la prigione e il municipio, per tutta l'estensione del lungo e alto muro di pietra. Prima di girare l'angolo su Marshall Street sentii delle grida di gioia. Dei ragazzini correvano in tutte le direzioni nel parcheggio tra lo studio dell'oculista e il canile della contea.

Un minuto dopo, uno dei ragazzini emerse tenendo in alto una palla grigia e grezza come se l'avesse acchiappata sugli spalti dell'ala sinistra allo stadio Connie Mack.

Molti detenuti lavoravano tessendo tappeti. Con i fili avanzati fabbricavano delle specie di palle da baseball, simili a gomitoli. E durante le vacanze i ragazzi del vicinato si appostavano come avvoltoi in Marshall Street, in attesa del fuori campo di qualche galeotto.

Un ragazzino più piccolo aveva preso la racchetta da volano di Tessa.

La indicai: «Puoi darmela, per favore?».

La faccia del ragazzino si rabbuiò. Avrà avuto sei o sette anni. «È mia» rispose.

«È della prigione» replicai.

Se la mise dietro la schiena. «Adesso è fuori.»

Qualcuno disse: «Non dargliela, Mookie».

Mookie mi fece la linguaccia.

Poi una voce alle mie spalle aggiunse: «Mookie. Facciamo a cambio».

Era un ragazzo su una bici Roadmaster verde e bianco crema. I suoi occhi erano ombreggiati dalla visiera di un cappellino dei Phillies. Aveva in mano una figurina del baseball.

Un ragazzo grande chiese: «Che figurina è?».

«Mantle» rispose il ragazzo sulla Roadmaster. Un guantone da baseball era appeso al manubrio.

«Balle» gridò qualcuno.

Il ragazzino allungò la cartolina in modo che tutti potessero vederla. Era davvero Mickey Mantle. Qualcuno trasalì. Qualcun altro fece un fischio d'ammirazione.

Un altro ragazzo si frugò nelle tasche. «Ti do… aspetta…» lo sentimmo contare degli spiccioli «ottantaquattro centesimi.»

«È di Mookie» disse il tipo sulla Roadmaster. «In cambio della racchetta.»

Reggie ci raggiunse in quel momento.

Il ragazzino con la palla di corda strappò la racchetta dalle mani di Mookie e la porse a quello della bici. «Ci sta.» Sembrava una versione più grande di Mookie. Mookie esultò.

Il ragazzo in bici sorrise, afferrò la racchetta e consegnò la figurina. Rimase nelle mani di Mookie per un secondo prima che il Fratello Maggiore gliela prendesse. La baciò e se la mise in tasca. «La conservo io per lui» disse.

Mookie protestò e gli diede un paio di calci mentre gli altri ridevano.

«Quindi immagino che tu voglia anche questa, eh?»

Roadmaster ce l'aveva con me, adesso. Teneva la pallina da volano davanti alla mia faccia.

Presi la pallina. Presi la racchetta. «Grazie» dissi, e corsi via.

Mi guadagnai un applauso da parte delle detenute quando tornai con la pallina e la racchetta.

Tessa venne vicino al recinto. «Lanciala di qua, signorina Cammie» disse.

«Certo» dissi. «Così vi rimettete a litigare.»

Tessa fece una risata simile a un grugnito. «Non era niente, signorina. Siamo di nuovo pappa e ciccia.» Tirò Helen vicino a sé e le mise un braccio sulle spalle. «Non è vero, Helen?»

Lei fece un riluttante: «Mmm».

«Riavrete queste cose domani» conclusi.

Tessa gemette. «Oh, andiamo…»

Sollevai un dito. Tessa si zittì. Sapeva quello che sapevano tutte: l'autorità del direttore della prigione si estendeva a sua figlia. Non era scritto ufficialmente da nessuna parte, non se ne era mai nemmeno parlato. Ma nel cortile delle detenute funzionava così. «Tessa» dissi, «hai un brutto carattere.»

Tutto il cortile scoppiò a ridere. Boo Boo stava praticamente ululando dalle risate. «Ci ha preso bene, signorina Cammie...»

Sollevai di nuovo il dito. Silenzio.

«Tessa, il direttore della prigione ti ha già requisito la rete. Vuoi che faccia lo stesso con le racchette, così dovrai giocare con le mani?»

Lei si mise una mano sul fianco e mi fissò truce. Non voleva darmi soddisfazione. Mi piaceva Tessa. Era come me.

Tirai su con il naso. «Lo prendo come un no. Perciò ecco cosa farò. Le metterò qui...» Posai la racchetta e la pallina a terra. Parlavo lentamente e con calma, come avevo imparato da mio padre, «in modo che tu possa vederle e pensare a quello che è successo fino a domani.» La guardai. I suoi capelli color topo ricadevano intorno a una faccia pallida e volpina. «Va bene?»

Non aspettai la risposta. Mentre mi giravo e facevo la mia uscita teatrale, il cortile alle mie spalle esplose in applausi e grida di approvazione.

Avevo corso fin lì da Marshall Street. Reggie mi aveva raggiunto, finalmente. Stava a metà della scala posteriore. Mentre mi avvicinavo, lei mi fissò con uno sguardo meravigliato. «Wow. Che scena.»

«Benvenuta nel mio mondo» dissi.

«Non è che stai esagerando?»

«Sai come mi chiamano?» risposi.

«Come?»

«La piccola guardiana.»

Lei si fermò sull'ultimo scalino. «E questo sarebbe… positivo?»

Risi. «Oh, sì. È una specie di… titolo onorario. Gli piaccio.»

Nell'appartamento, dove l'odore di pasticcio di maiale aleggiava ancora nell'aria, si inumidì un dito e me lo passò sulle sopracciglia. «Be', credo che tu piaccia anche a qualcun altro.»

«Eh?» dissi, allontanando la sua mano.

«Quel ragazzino in bici non smetteva di guardarti.»

«Capirai» risposi, e sperai che la vampata sulla mia faccia non fosse visibile. «Stava parlando con me. Cos'altro doveva guardare?»

«Me» rispose. «Ma non lo ha fatto neanche una volta.»

CAPITOLO OTTAVO

Ogni lunedì Carl mi portava una torta, prima che Eloda servisse la cena. Carl era il fornaio della prigione. Un tempo era stato fornaio ufficiale dell'esercito. Era finito in prigione per furto con scasso, ma per me era il mio personale fabbricatore di torte. Dava un nome a tutti i suoi capolavori. Fresca Pesca. La Ciliegiona. Meringa Esplosiva. Sogno di Cioccolato. Non mi deludeva mai.

Mi preparai al rito del pre-cena del lunedì. Affettai amorevolmente la mia torta – la Mirtillosa – in sette fette identiche. Ne misi sei nel frigo e una nel piatto. Che Dio avesse pietà di chiunque si fosse arrischiato a toccarle. Grazie al cielo mio padre preferiva un altro genere di dolci.

Quella sera per cena c'era bistecca, purè di patate e piselli. Scavai un buco nel purè con il cucchiaio e feci un piccolo laghetto marrone con la salsa della bistecca.

Avevo rimuginato per giorni su una certa cosa e in quel momento la sparai e basta: «Voglio la chiave del cortile».

Mio padre mi fissò perplesso. Mi piaceva coglierlo di sorpresa. «Sul serio?» mi chiese. «E perché mai?»

«Dici sempre che non sono pericolose. Altrimenti non mi lasceresti andare fin lì con solo un recinto di metallo a proteggermi.»

Annuì. «Vero. Ma non significa che ti voglia dentro. Il cortile è loro.»

«Papà...» Saltai in piedi, corsi nella mia stanza e tornai con l'ultima copia di "Ordine e legge", una rivista mensile per amministratori di penitenziari. La aprii e gliela piazzai davanti. «Guarda.»

Era una doppia pagina che mostrava dei detenuti con dei cani. Il titolo recitava: *Animali portatori di armonia.*

Mio padre gli diede un'occhiata.

«Dice che gli animali aiutano i detenuti a mantenere la calma. Meno stress. Meno problemi per te. Lo ripeti in continuazione.»

Lui chiuse la rivista. «Vuoi che metta là dentro dei cuccioli?»

Mi battei il petto. (Sapevo essere molto teatrale.) «Voglio che tu ci metta me.»

Lui sorrise, fece una specie di sbuffo e tornò alla sua bistecca. «Non se ne parla.»

Non lo mollai. «Papà. Se i cani possono portare la felicità ai detenuti...»

«La calma.»

«Okay, la calma. Se ci riescono i cani, immagina cosa potrebbe fare una persona. Specialmente la persona giusta.»

«Sei solo una ragazzina.»

Ah-ah! Era appena cascato nella mia trappola. «Esatto! Sono una ragazzina. I detenuti pensano che una ragazzina sia dolce, piccola, innocua... come un cucciolo.»

«Vuoi diventare il cucciolo della prigione. Mia figlia Fido.»

Non potei fare a meno di ridere. Odiavo quando faceva così. Trasformava sempre le mie argomentazioni più serie in battute.

Soffocai la risata. «No! Voglio solo essere utile.»

Mi guardò. «Lo so» disse. E capii dal suo sguardo che lo sapeva davvero. Più di quanto volessi ammettere.

«Io gli piaccio» continuai. «Potrei essere una buona influenza. Qualcosa da aspettare tutti i giorni. E poi è estate. Il caldo porta stress. Che porta problemi.»

«Smettila di assillarmi» disse. «Vieni a sederti e mangia.»

Mi sedetti.

Lui mise giù la forchetta. «Perché pensi che abbia allungato di un'ora l'uscita in cortile? Perché li nutro così bene? O perché ho creato la Stanza della Quiete?»

La Stanza della Quiete. Mio padre la considerava il suo capolavoro. Aveva il soffitto di vetro, come una serra. C'erano piante e perfino degli alberi. Al centro troneggiava una piccola cascata che cadeva per tre metri da una carriola di stagno, dentro una piccola piscina ornata di piante. Doveva essere un rifugio per i detenuti. Un posto per rilassarsi.

Nemmeno io gli avrei detto una cosa del genere se non avessi saputo che ne era già a conoscenza: «Papà... non ci va mai nessuno».

Lui non lo negò. «Dai tempo al tempo.»

«No» replicai. «Dai tu tempo a me.»

Mi puntò la forchetta contro. «Mangia.»

Io puntai la mia forchetta contro la sua. «Non hai sentito il resto.»

Sorrideva con gli occhi. «Mangia.»

A quel tempo, a cena con il direttore della prigione avevo due modalità operative: combattimento verbale o silenzio ostinato. In quel momento ero troppo su di giri per stare zitta. Perciò cambiai argomento. «Okay, va bene» tagliai corto. «Che cosa ha fatto?»

Come prevedibile, finse di non sapere di cosa stessi parlando. «Chi? Cosa?»

«Finiscila, papà» mi lamentai. «Reciti da schifo. Sai benissimo chi e anche cosa.»

Certo che lo sapeva. Chi, era Eloda Pupko. E cosa, era: che ha combinato per finire dietro le sbarre? Glielo avevo chiesto ogni giorno per una settimana.

Rispose: «Il suo fascicolo non è affar tuo».

«Papà, conosco le storie di tutti gli altri. Boo Boo è una taccheggiatrice. Carl è un topo d'appartamento. Tessa un'ubriacona.»

Lui armeggiò con uno stuzzicadenti tra gli incisivi. «Una volta. Si stanno riprendendo.»

Risi. «Boo Boo? Riprendendo? Magari da un raffreddore.»

Quasi sorrise. «Okay, forse non Boo Boo.»

«Vedi? So ogni cosa di loro.»

«Perché hanno la bocca larga.»

«E la usano per parlare con me. Si confidano attraverso il recinto.»

«Ottimo.» Annuì. «Quindi glielo puoi chiedere tu stessa.»

«L'ho fatto. Non mi ha risposto.»

Lui alzò le spalle. «E non lo farò nemmeno io.»

Lo avvisai. «Ti tormenterò ogni giorno per il resto della mia vita. È questo che vuoi?»

Non sembrò molto spaventato. «Fa' come ti pare.»

La chiave del cortile? Strike uno.

Il crimine commesso da Eloda? Strike due.

Tentai un ultimo colpo. Con mio padre riuscivo a essere piuttosto masochista.

«Voglio il pasticcio di maiale» dissi.

«Muso di porco» rettificò lui.

«Pasticcio di maiale.»

«Muso di porco.»

Non doveva aggiungere altro. Nel corso degli anni avevo chiesto più pasticcio di maiale centinaia di volte. E centinaia di volte lui aveva risposto che era fatto con il muso dei maiali (certo, ma ci sono anche altre cose dentro), e che sua figlia non avrebbe cominciato la sua giornata con del muso di porco nello stomaco invece dei cereali.

«Non dico sette giorni su sette» ragionai. «Solo tre.»

«Muso di porco» ripeté.

«È una tortura!» mi lamentai. «Sento il profumo tutti i giorni.»

«Copriti il naso con uno strofinaccio.»

«Posso andare al Blue Jay e comprarmelo con i miei soldi. Servono la colazione tutto il giorno. Posso farlo. Quando mi pare.»

«Accomodati» rispose lui.

«Lo farò» dissi. In effetti, lo avevo già fatto. Ma mi era costato gran parte della paghetta.

E poi lui fece la cosa peggiore di tutte: mi fece ridere. Disse: «Almeno saprò che non è stata colpa mia quando comincerà a crescerti un muso di porco».

Scoppiai in una di quelle risate che ti fanno uscire la bolla di moccio da una narice. Mi pulii subito con un tovagliolo. Mi girai perché non vedesse la mia faccia. Non lo sapeva che farmi ridere era un gioco sporco? E poi: terzo strike!

Sbattei la forchetta sul piatto. «Me ne vado.» Mi alzai, ma arrivai solo fino alla vecchia radio di legno a credenza.

«Camille.»

Mi fermai.

«Finisci la tua cena.»

Tornai sui miei passi. Finii tutto in meno di due minuti. Non lo guardai in faccia. Non gli rivolsi più la parola.

Lui finse di non notarlo. Bevve il suo caffè mentre sfogliava la rivista "Ordine e legge". Non me la dava a bere. Odiava il trattamento del silenzio.

E non era la mia unica arma.

Ripulii il piatto. Letteralmente. Lo sollevai e leccai fino all'ultima briciola. Lui finse di non vedermi. Mi alzai per la seconda volta. Lui mi richiamò, come sapevo che avrebbe fatto: «Hai dimenticato la torta».

Non gli diedi soddisfazione. «Mangiatela tu» replicai senza voltarmi.

Uscii dalla porta come una furia e salii sulla Torre della Morte.

CAPITOLO NONO

C'era chi aveva una casa sull'albero. Chi un rifugio segreto. Io avevo la Torre della Morte.

La chiamavo così da quando ero piccola. Ero fortunata! Vivevo in una casa vecchia di cent'anni – la prigione era stata costruita nel 1851 – che somigliava a una fortezza normanna. La torre era la parte migliore. Buia. Tetra. Solo una lampadina che proiettava ombre inquietanti.

Quando ero più piccola mi arrampicavo su per le scale scricchiolanti con sublime apprensione. In cima, c'era una stanza circolare. Dalle feritoie che fungevano da finestre immaginavo di scagliare frecce nel cuore dei nemici invasori. Gridavano magistralmente mentre versavo pentoloni di olio bollente sulle loro teste.

Era facile fingere che l'odore dell'affumicatoio fosse quello dei campi di battaglia. Sopra la mia testa, appesi al soffitto, c'erano decine di salami d'importazione. Erano duri e neri e lunghi e attorcigliati in modo sinistro e mi facevano pensare alle dita mozzate di piedi mostruosi. Venivano dall'Italia. Il proprietario della gastronomia DiRenzo pagava alla contea una tassa annuale per stoccarli lì, in quella che avevo chiamato la Stanza dei Salami.

Crescendo, la torre si trasformò in un posto diverso. C'era un cappio, abbandonato in un angolo, che divenne molto interessante. Le domande si diffondevano come polvere dalle sue fibre ammuffite: era mai stato usato? Se sì, a chi apparteneva il collo che aveva avuto l'onore di sperimentarlo? Era stata una morte veloce? Lenta? La famiglia aveva assistito?

Nel corso dei decenni una corrente verticale aveva spinto molte reliquie nella torre: schedari di legno con un secolo di fascicoli della prigione, lampade a gas, un vecchio lavandino di porcellana, un cartello con su scritto VIETATO SPUTARE, un lavatoio zincato pieno di bambole di pezza fabbricate dai detenuti, tutte con capelli di filo, lo stesso con cui ora facevano tappeti e palle.

Guardai fuori dalla feritoia che si affacciava verso sud. Le orde di invasori erano sparite con la mia breve infanzia. Ora vedevo i tetti polverosi e spioventi di Two Mills, che davano su quel paradiso dei consumatori che era la strada principale. E, più in basso, il lungo tetto di tegole rosse della stazione, dove un treno dello stesso rosso stava partendo per Filadelfia. Oltre, c'erano il fiume e il ponte che lo attraversava sulle palafitte di legno delle ferrovie: cuciture gemelle che univano la mia città a Bridgeport, al di là del corso d'acqua.

La feritoia alla mia destra era rivolta a ovest, verso il sole che tramontava. Come sempre, ne fui attirata. Perché da quella postazione riuscivo a vedere l'Angolo. O meglio, lo percepivo più che vederlo: fessure nella scacchiera di tetti che significavano strade. Oak Street. Cherry Street. Quercia e ciliegia.

L'Angolo.

Dove mia madre aveva spinto con grazia il passeggino – la me poppante seduta come su un trono (o almeno così lo avevo sempre immaginato) – giù dal marciapiede, in strada...

Dove mia madre era scesa dal marciapiede dietro di me, approssimativamente alle 10:15 di un lunedì mattina, il 3 febbraio del 1947...

Dove il furgoncino del latte aveva girato l'angolo...

Dove il furgoncino aveva investito e ucciso mia madre all'istante, non prima che lei avesse spinto il mio passeggino e gli avesse fatto attraversare la strada così velocemente che quando colpì il marciapiede io venni sparata fuori e atterrai dopo un breve volo davanti al numero 203 di West Oak Street – senza un graffio, visto com'ero accuratamente infagottata.

Dove il latte si riversò sul marciapiede dalle bottiglie rotte e colò giù per il cordolo e poi nel canale di scolo, un sottile ruscello bianco che andava a congiungersi con le acque del torrente Stony.

Anche se ero davanti alla feritoia, resistetti alla tentazione di guardare fuori. Non riuscivo mai a farlo senza piangere, e quella sera non volevo piangere. Volevo essere arrabbiata. Con mio padre. Con il mondo.

Perciò proseguii fino alla Stanza dei Salami. Afferrai il cappio e me lo infilai intorno al collo e feci finta di impiccarmi, tanto per fargliela vedere.

Presi a pugni i salami. Presi quelle stupide bambole di pezza e le scagliai contro il muro.

Sentii della musica. Little Richard strillava *Long Tall Sally*.

Tornai alla feritoia meridionale. Le finestre erano sigillate per proteggere i salami appesi, ma i rumori arrivavano facilmente da Airy Street. Stava passando una lunga decappottabile rossa. Sembrava che mezza scuola fosse riuscita a salirci sopra. Si stavano divertendo da matti. Senza un pensiero al mondo. La radio a tutto volume. Quando arrivò il ritornello, tutti cantarono insieme a Little Richard, alzando le braccia al cielo, compreso il guidatore: «... *he ducked back in the alley!*».

Oltre la decappottabile rossa, oltre la città e il fiume e Bridgeport fino al Golfo del Messico, lanciai un grido silenzioso.

E allora, anche se non mi trovavo alla feritoia ovest, piansi e presi a calci il muro perché, ancora una volta, la rabbia aveva ceduto alla tristezza, anche se ci avevo provato davvero a restare arrabbiata.

Mi ritirai verso gli schedari.

Mentre gli altri ragazzini leggevano *Nancy Drew e gli Hardy Boys,* io mi perdevo nelle storie dei criminali della prigione. Il fascicolo più vecchio era di un detenuto di nome Ebert Haverstack. Era datato settembre 1853. Secondo la sua scheda, Ebert Haverstack era finito al fresco per "l'abitudine cronica di rubare latte di mucca", nello specifico della mucca Ethel, di proprietà del fattore A. Bechtold.

Ma quel giorno non ero interessata a Ebert Haverstack né a nessun altro, a parte uno: Thomas Browne. Tirai fuori il suo fascicolo. Mi sedetti sul pavimento, la schiena contro il muro. La Stanza dei Salami, come me, era priva di abbellimenti. Il muro circolare mostrava la stessa superficie delle pietre che si vedeva dall'esterno. Anche d'estate, nella Stanza dei Salami faceva fresco.

La scheda di Thomas Browne era datata 1870. Il suo crimine era descritto come "fomentatore di disordini". Erano state quelle parole a catturare la mia attenzione fin da subito. Avevo dovuto cercare "fomentatore" sul vocabolario. In pratica indicava una persona che creava scompiglio. Immaginai Thomas Browne che se la spassava sulla strada principale, con gli stivali – anzi no, a piedi nudi – e i mutandoni lunghi, e sbandava sui solchi lasciati dai carri sullo sterrato. Forse aveva con sé una bottiglia di whisky e insultava le signore con il parasole. Oppure tagliava le redini dei cavalli al traino e li mandava a correre fino a Filadelfia con un grido folle o un sonoro schiaffone sulla groppa.

Ma era stata la definizione di "disordini" ad affascinarmi di più. Mi suggeriva il caos nella sua forma più pura. Forse a ogni generazione nasceva solo un criminale capace di provocarlo. In qualche modo lo trovavo ammirevole, perfino nobile.

E ancora di più quando lessi La Lettera.

CAPITOLO DECIMO

Era l'ultimo documento del fascicolo. La carta era ingiallita e sottile e crepata come la pelle di un serpente in muta. Thomas Browne aveva una bellissima calligrafia. Avrebbe preso il massimo dei voti al mio corso sul metodo Palmer.

La lettera cominciava con: *Alla persona che amo di più.* E basta. Nessun nome. Stava scrivendo a sua moglie? Alla sua ragazza? Alla madre? Non l'avrei mai saputo.

La lettera proseguiva: *Molti miei compagni di giorno affollano le finestre, per conversare con i passanti attraverso le sbarre. Non avverto alcun bisogno di tenermi occupato in questo modo. Sono contento di starmene nella mia cella o di passeggiare nel cortile senza nient'altro che i miei ricordi. E che ricordi stupendi! Non potrei consigliarti diversamente – i tempi bui sono terminati. Non permettere che il futuro sia depredato dal passato – né da quello cattivo né da quello buono. Lascia i ricordi a me. Li terrò in cal-*

do per entrambi. Per quanto riguarda la tua cara persona, devi assolutamente...

Era tutto.

Mentre sedevo a gambe incrociate sul pavimento della Stanza dei Salami, mi chiesi per la centesima volta: Thomas Browne, perché la tua lettera si interrompe così bruscamente? Venne a prenderti il boia? (Per quei famosi "disordini"?) Ti fu comunicato in quel momento che eri stato assolto e perciò gettasti via la lettera per tuffarti nell'abbraccio che ti attendeva oltre le sbarre?

Mi immersi in quelle parole familiari come in un bagno caldo. Si avvolsero intorno alle mie spalle, infondendomi un amore così semplice che non domandava nulla. *Lascia i ricordi a me.*

Rimisi la lettera nel fascicolo, e il fascicolo nel cassetto. Aprii un altro cassetto, quello in fondo. Lo tirai fuori al massimo, per raggiungere lo spazio dietro i fascicoli. Presi la scarpa.

Era di mia madre. Una scarpa coi lacci e il tacco basso, marrone chiaro. Una scarpa classica, lineare. Il tipo di scarpa che una madre poteva indossare per portare un bambino a passeggio. Era al suo piede quando successe. Nessuno me lo aveva mai detto. Non ce n'era bisogno. Lo capii subito quando la trovai, un paio d'anni prima. Stavo ficcanasando nell'armadio di mio padre ed eccola là, in un angolo, avvolta in un asciugamano. La portai subito nella Stanza dei Salami. Successivamente, non provai mai alcun senso di colpa, solo una vaga sorpresa per il fatto che mio padre non l'avesse mai nominata.

Andai alla feritoia occidentale. Nella luce calante, i

miei occhi trovarono l'incrocio tra i vuoti lasciati dai tetti che costeggiavano l'Angolo. Di nuovo sentii lo sferragliare del furgoncino del latte. Tenni la scarpa stretta al petto e sussurrai il suo nome. «Anne O'Reilly… Anne O'Reilly…» e piansi.

Quando scesi dalla Torre della Morte, era scesa la notte. Andai dritta al frigo. Eccola, la stessa fetta di Mirtillosa sullo stesso piatto, coperta di carta oleata. Lo sapevo che non l'avrebbe mangiata. Non mi disturbai a prendere una forchetta.

CAPITOLO UNDICESIMO

Eravamo da Charming. E dove sennò? Era l'unico posto in cui Reggie faceva shopping.

Stava ispezionando una serie di camicette. Ognuna causava un commento sprezzante.

«Antica.»

«Provinciale.»

«Da vomito.»

«Bleah.»

Indossava i soliti shorts, questa volta bianchi. Sandali bianchi. Camicia col colletto nera, tenuta fuori e annodata in vita.

Tutto il resto di lei era rosa.

«Hai fatto caso» le chiesi, mentre la guardavo selezionare le camicette, «che sei rosa?»

Mi lanciò uno sguardo truce e tornò al suo lavoro. «Non per molto. *Hopalong.*»

«Che significa?»

«Vedrai.»

Reggie Weinstein era afflitta dalla peggiore condizione che potesse capitare (secondo lei) a un essere umano. Era bianca. Voglio dire proprio bianca, come il latte. Come la neve. Il che era abbastanza okay a dicembre. A giugno, diventava imperdonabile.

Non aveva mai fatto caso alla sua bianchezza fino ai dodici anni. Fu allora che scoprì l'abbronzatura.

Dal primo giorno delle precedenti vacanze estive, il suo giardino sul retro era diventato una spiaggia. Si sdraiava sul suo asciugamano dei Penguins e si ungeva di abbronzante dalla testa ai piedi – e si era scottata.

Vesciche! Dolore! Niente sole per una settimana! Tortura! Era più bianca che mai a causa della crema lenitiva, e puzzava come uno sciroppo per la tosse.

Solo ad agosto le strisce bianche rosa e rosse sparirono. Quando iniziammo la seconda media, era dorata come una mela caramellata. A gennaio era di nuovo bianca come la neve.

Ed eccola ancora, il giugno successivo: rosa.

Tirò fuori una camicetta dalla rastrelliera e se la drappeggiò addosso.

«Che ne pensi?»

Era a strisce orizzontali bianche e nere, e aveva le maniche lunghe con una fenditura che andava dalla spalla al polso. «Sembri un detenuto in fuga» risposi.

Lei la tenne davanti a sé, la studiò, annuì. «Hai ragione. La prendo.»

Me la piazzò in mano e passò all'espositore successivo. Poi se la riprese di scatto. «Ehi, tu. Vai» ordinò. Indicò gli espositori. «Scegli.»

Avrei potuto dirle che il richiamo di Charming non funzionava con me. Stavo benissimo con la mia maglietta e la salopette. E comunque la salopette era arrotolata alle caviglie. Chi lo diceva che non ero alla moda?

Ma le fornii un'altra spiegazione: «Mi servono i soldi per fare il regalo a Eloda. Manca poco al suo compleanno».

Mi ripiazzò la sua camicetta in mano. «Okay. Ma ti avviso. I tuoi giorni nella sezione bambini di Chatlin sono finiti. Non farti trovare a fare compere in un posto che non sia questo.»

Le feci il saluto militare. «Sissignora.»

Comprò altre due camicette e una cavigliera e poi ce ne andammo a spasso sulla strada principale. Mi accorsi presto che Reggie non stava semplicemente camminando accanto a me. C'era qualcos'altro.

Il primo indizio furono i colpi di clacson.

Dei richiami arrivarono insieme allo strombazzare. Ne decifrai alcuni:

«Wow!»

«Ehilààà!»

Venivano dai ragazzi delle superiori che si godevano l'estate scorrazzando in macchina lungo la strada principale: finestrini aperti, capote abbassate.

La mia attenzione fu attirata da un fischio. Un ragazzo con i capelli a spazzola se ne stava dritto in piedi nella sua decappottabile celeste, e lanciò il suo sonoro fischio a due dita... a noi? Allora ci arrivai. Tutti quei richiami che avevo sentito erano diretti alla tredicenne che sembrava una diciassettenne e camminava accanto a me.

Per la prima volta osservai i passanti: ragazzi, uomini, perfino donne. Quasi nessuno ci superava senza lanciarle uno sguardo, dalle occhiate furtive a quelle insistenti. Sembrava che tutti, perfino i semafori, stessero guardando Reggie Weinstein.

E lei lo sapeva.

Mi bastò una sbirciatina alla sua faccia. Sembrava guardare dritto davanti a sé, passeggiare tranquilla. Ma era quella la prova. Di solito si sarebbe fermata a fissare con sguardo inebetito tutte le vetrine dei negozi. Di solito avrebbe chiacchierato a raffica con me. Ma adesso stava in silenzio, le labbra dipinte di Rosa Passione appena imbronciate e sorridenti allo stesso tempo. Cavoli, Reggie Weinstein non stava camminando sulla strada principale. Stava camminando su una passerella. Riuscivo quasi a sentire il presentatore: "Ed ecco a voi... Miss America!".

Santo cielo, pensai, *e adesso è rosa fosforescente. Cosa succederà quando sarà abbronzata?*

Ed eccola che frugava nella sua borsetta di maglia argentata e tirava fuori un paio di occhialoni da sole con la montatura bianca, stile *cat eye*. Se li infilò.

E io sentii lo stridere brusco dei freni di un'automobile.

«Adesso basta» dissi ad alta voce. L'afferrai per il braccio e la trascinai nel negozio più vicino.

CAPITOLO DODICESIMO

Il negozio era Woolworth's, dove lei voleva comunque andare.

Filò dritta verso la sezione dischi e comprò *Stagger Lee* di Lloyd Price.

Ci spingemmo a vicenda sugli sgabelli girevoli cromati del distributore di bibite. Prendemmo due cole: Reggie alla ciliegia e io al limone. Mentre il tizio del bar ritirava i nostri bicchieri vuoti, Reggie mollò un rutto poderoso che quasi le fece volare via il cappellino bianco. Quello strabuzzò gli occhi e scoppiò a ridere. Diedi un pugno sul bancone. «Questa è la Reggie che conosco e adoro!»

Reggie si alzò dallo sgabello, con un'aria alla "non sono stata io", e si diresse al reparto cosmetici.

Si fermò davanti a un espositore di contenitori di plastica marroni a forma di dischi da hockey. Il prodotto si chiamava Tan-er-Ree.

«Pensavo che usassi un altro abbronzante» dissi.

«Questa è lozione solare» rispose lei. «Certo non quella schifezza che non userò mai più.»

«E cioè?»

«Burro abbronzante. L'ho letto su "Seventeen".»

Non ero sicura di aver capito bene. «Lo spalmi sul pane?»

Lei ignorò la mia domanda. Prese una confezione dall'espositore. Aveva il tono di una venditrice professionista. «Lo metti prima di andare a letto. Quando ti svegli, il giorno dopo, sei...» allargò le braccia «abbronzata!»

I suoi bellissimi occhi spalancati mi invitavano a unirmi a lei nella meraviglia di tutta la faccenda, ma io riuscii a rispondere solo con crudo sarcasmo: «Un miracolo».

Non colse la battuta. Annuì con entusiasmo. Si girò verso il barattolo. Lo baciò. «Un miracolo, sì.»

Ormai speravo solo che lo comprasse in modo che potessimo uscire di lì. Il reparto cosmetici mi rendeva nervosa. Ma lei continuava a eccitarsi per ogni cosa che vedeva: trucchi per gli occhi, trucchi per le labbra, intrugli per la pelle, intrugli per i piedi.

Cercai di distrarmi pensando a Boo Boo che si muoveva libera dentro Woolworth's. La immaginai arraffare intere file di arricciaciglia, lozioni e creme.

All'improvviso comparve un proiettile di rossetto davanti alla mia faccia e Reggie disse: «Lo compro per te».

Era Rosa Passione. La punta toccava il mio labbro superiore. Mi ritrassi di scatto. Il proiettile rosa mi inseguì. Lo allontanai con uno schiaffo. Gridai: «Smettila!», e uscii di corsa dal negozio. Fuori, alla luce del sole, il mio sguardo cadde su un'insegna al di là della strada e in quel momento seppi cosa avrei regalato a Eloda per il suo compleanno.

CAPITOLO TREDICESIMO

Lo fissò senza dire niente così a lungo che alla fine spiegai: «È un diario».

Lei continuò a fissarlo. «Lo vedo.»

La copertina era rossa. Le lettere d'oro dicevano:

IL MIO DIARIO

«Prego» dissi.

Lei si schiarì la voce. «Grazie.»

Eravamo sedute al tavolo della sala da pranzo.

Mi era venuta l'idea quando avevo visto la cartoleria Verlane, dall'altra parte della strada. Mi era sembrata originale, in quel momento. Adesso non ne ero più tanto sicura.

«Dovresti scriverci qualcosa ogni giorno» dissi. «Ma non sei costretta. Magari un giorno sì e uno no. Scommetto che andrà bene lo stesso.»

Il suo dito percorse il contorno delle lettere dorate. Aprì il diario, sfogliò alcune pagine. Una mano reggeva ancora lo straccio per la polvere. «Oppure ogni volta che mi va.»

Esultai. «Sì! Assolutamente. Ogni volta che ti va.» Toccai la piccola chiave dorata. «E vedi, si chiude. È segreto. Ci puoi scrivere qualsiasi cosa. Cosa fai. I tuoi pensieri. I tuoi sentimenti. Di tutto.» Un'idea emerse in superficie come un tappo di sughero sull'acqua: di me, per esempio.

Lei sembrava ipnotizzata. Continuava a fissare il diario, come se si aspettasse che parlasse o si mettesse a ballare. Io continuavo a fissare lei, in attesa di una reazione.

Come per Boo Boo, il dettaglio più caratteristico dell'aspetto di Eloda erano i capelli. Corti e ispidi. Ma era il colore che colpiva. Sul suo Foglio d'Entrata (a cui avevo dato una sbirciatina) c'era scritto: CAPELLI: ROSSI.

Ma erano più arancioni che rossi. Così li definivo: arancioni. Quasi color carota.

Alla fine lei si riscosse: «Be'». Si rialzò appoggiandosi al tavolo. «È ora di tornare al lavoro.»

Tastò la carta da regalo e il nastrino, ma non aveva l'aria di sapere bene cosa farsene.

«Dai a me» dissi.

Me li porse e si diresse verso la credenza, dov'era prima che la interrompessi. Mentre andava disse un rapido: «Grazie».

Accartocciai la carta e il nastro fino a ridurli alle dimensioni di una pallina da golf. Lei mi dava le spalle mentre spolverava la credenza. Strizzai ancora di più la carta e desiderai che lei si girasse e mi guardasse – proprio *me* – visto che aveva guardato solo il regalo per tutto il tempo. *Guardami, Eloda,* implorai in silenzio. *Di' il mio nome. Di': "Grazie, Cammie...", "Grazie, Cammie".*

Ma lei disse semplicemente, senza nemmeno voltarsi: «Non esci?».

CAPITOLO QUATTORDICESIMO

C'erano quattro cose che mi piaceva fare quando ero fuori di me: andare in bici, mangiare schifezze, sputare nella sputacchiera in fondo all'ingresso della prigione – chiamata la Reception – e prendere a pugni salumi di importazione nella Stanza dei Salami. Quel giorno feci le prime tre.

Uscii dall'appartamento sbattendo la porta e scesi giù nella Reception. Scatarrai per bene e sparai il grumo nella sputacchiera. Afferrai la mia bici, che tenevo parcheggiata accanto al portone, e mi fiondai giù per le scale di cemento fino al marciapiede. Pedalai su Airy Street fino all'angolo del municipio, girai a sinistra e continuai sulla Hector per tutto l'isolato.

La parte finale del palazzo del municipio – che, come la prigione, occupava un intero isolato – era un mercato. C'era il pescivendolo, l'ortolano, il tizio che vendeva le cornici. Andai subito dal venditore di caramelle.

Mi erano rimasti dei soldi dall'acquisto dell'incompreso regalo di compleanno, perciò comprai una manciata di barrette di cioccolato, cinque sigarette di caramella e delle mou pannamenta.

Poi mi diressi a nord, dove viveva la gente ricca. Le case in quella zona erano circondate da una quantità di giardini, per non parlare dei vialetti e dei garage. Ma soprattutto, era una zona ottima per andare in bici. Pochi negozi, a parte qualche alimentari. Poco traffico. Niente colline.

Vagai per le strade, il guantone da baseball appeso al manubrio. Mormorai tra i denti: «Chi ha bisogno di lei... chi ha bisogno di lei...». Me la immaginai accanto alla formosa, chiassosa e magnetica Boo Boo. Eloda era così banale e noiosa. A parte i capelli arancioni, ovviamente, che chiaramente sarebbero stati meglio su una persona più appariscente. Su Boo Boo sarebbero stati favolosi.

Ignorai gli STOP. Sfrecciai su e giù per i vialetti, attraversando perfino alcuni giardini privati, sfidando i proprietari a chiamare la polizia o a gridare: "Ehi!". Ma nessuno lo fece. Mi accostai, tirai fuori una caramella a forma di sigaretta dalle mie tasche gonfie e finsi di accendere un fiammifero. Misi le mani a coppa e feci finta di accendere anche la sigaretta, gettando la testa all'indietro come se inalassi a fondo e poi soffiassi fuori il fumo, mentre tendevo l'orecchio in attesa di qualche adulto che mi gridasse: "Ehi!". Ma mi rispose solo il silenzio. Nulla di sorprendente, visto che non c'era nessuno in giro. I ragazzini ricchi erano stati spediti ai campi estivi. I padri ricchi erano al lavoro, a fare soldi. Le madri ricche erano barricate dietro le loro tende o le veneziane, a sorseggiare tè. La zona settentrionale della città era un villaggio fantasma. E poi, all'improvviso, mi si gelò il sangue. Sentii un rumore di bottiglie sbatacchiate. Stava passando il furgoncino del latte.

Mi succedeva da un paio d'anni. Mi prendeva come una scossa elettrica ogni volta che sentivo il tintinnio delle bottiglie sul furgone. Ruppi la sigaretta tra i denti e pedalai oltre.

La zona est era molto meglio per la mia inquietudine: ingorghi, disordine, rumore, gente. Dovevo pedalare più lentamente tra le macchine e le colline, ma questo rendeva più facile ingozzarmi di barrette di cioccolato.

Chi ha bisogno di lei…

Pedalai giù per la strada principale. Ignorai i semafori rossi. Tagliai la strada a un autobus. Gettavo le carte delle caramelle dietro di me. Mi fermai sul ponte in Airy Street e sputai sulle macchine che passavano di sotto. Volevo vedere se qualcuno mi avrebbe sgridata. Fermata. Arrestata.

Nessuno lo fece.

Vidi un bambino gridare a sua madre: «Non voglio! Non voglio!». Stava aggrappato alle sue gambe mentre lei lo trascinava sul marciapiede. Poi cominciò a tirare calci.

Sterzai verso di loro. «Ehi!» gridai. «Smettila! Quella è tua madre!» Il bambino e sua madre si bloccarono, fissandomi a bocca aperta mentre pedalavo via.

Sfrecciai fino ai confini occidentali della città, in Forrest Avenue, oltre la fabbrica di mattoni e l'allevamento di piccioni. Svoltai a destra e costeggiai gli interminabili campi di grano e mi infilai nelle fatiscenti gallerie dell'ospedale e infine nel parco.

Eccoli là, nel campo della lega giovanile, i ragazzini del baseball. Quel giorno erano in quattro. Due bianchi, Romig e Ears DelFina. E due neri, Mug Williams e Benny House. Benny House lo facevano giocare solo perché era il cugino di Mug. Aveva otto anni e lanciava come una schiappa.

Io no. Mi ero allenata per anni con mio padre a lanciare e a prendere le palle al volo. Ogni aprile, da quando avevo nove anni, mi ero presentata alle selezioni per la lega giovanile, solo per farmi dire: «Niente femmine». Ma non potevano impedirmi di usare il campo. Non potevano impedirmi di sognare di diventare la prima giocatrice donna professionista.

Organizzammo una partita. Battitore. Lanciatore. Interno. Esterno. E Benny House, esiliato nella terra incolta del campo destro. Stavo per piazzare il primo lancio a Romig quando qualcuno gridò: «Ehi!», e arrivò in scivolata sulla base del ricevitore su una bici Roadmaster verde e crema. Era il ragazzino della figurina. «È tardi per unirmi a voi?» chiese.

Io e Romig ci guardammo. Che tipo era, questo? Non lo sapeva che non si fanno domande? Che non si chiede il permesso? Una cosa si fa e basta.

Avrei dovuto rispondere: "Sì, è troppo tardi". Ma mi ricordai di come avesse recuperato la racchetta e la pallina da volano per me. Perciò alzai il mento verso l'esterno. Sembrò che gli avessi regalato dei biglietti gratis per il cinema. Fece un sorriso raggiante ed esclamò: «Grazie!». Slacciò il guantone dal manubrio della bici e la lasciò cadere come un sacco dell'immondizia, poi corse al centro. Tutto quello che faceva mi dava ai nervi.

Ma sapeva giocare. Ogni volta che toccava a lui stare sul piatto, faceva una battuta tesa. Era l'unico giocatore in campo bravo quanto me.

«Come facciamo a sapere chi sta vincendo?» chiese Mister Domanda a un certo punto.

«È troppo complicato» gli risposi. Il che era vero. Avevamo il nostro sistema che non avremmo mai potuto spiegare a un estraneo. Tenevamo i punti tracciando delle linee sul terreno nel box dell'allenatore della prima base.

Tutto andava alla grande, ma Mister Domanda non poteva tenere la bocca chiusa. «Ehi» disse di nuovo. «Quando tocca a Benny la battuta?»

Ci fu un silenzio mortale da parte mia, Romig e Mug Williams. Il piano era tenere parcheggiato lo stupido moccioso nel campo destro (verso cui nessuno tirava) e lasciargli credere che stesse giocando. Pregammo che non lo avesse sentito. E invece sì. «Voglio battere!» strillò.

«Aspetta il tuo turno» gli disse Mug. «Te lo diciamo noi.»

Ogni volta che qualcuno prendeva una mazza, si sentiva un lamento dal campo destro: «Voglio battere!».

Alla fine scaraventò i suoi guanti a terra e disse: «Non gioco più!». Il che era fantastico, tranne quando aggiunse: «Me ne vado a casa», e cominciò a camminare.

Mug era affranto. «Oh, no. Devo stargli appiccicato. Me lo ha detto mamma. Se va via, devo andare anch'io.»

Perciò rincorse suo cugino e lo trascinò indietro. Gli disse va bene, puoi battere, ma prima devi fare il ricevitore. Di solito era la rete metallica di protezione a fungere da ricevitore.

Salii sul piatto con Benny, il ricevitore che batteva i guanti dietro di me e gridava: «Okay, Mug! Sparala qui!», e Mug lancia e io batto una tesa verso sinistra. Sono in seconda base e quando vedo che Romig ha problemi a tirar fuori la palla dallo steccato, so che arriverò alla casa base. Il cappellino mi vola via, sono in terza base e mi accorgo che in casa base c'è solo il piccoletto che grida: «Lanciala qui!».

Non vedo la palla. Vedo solo qualcuno che blocca la casa base. Gli piombo addosso come un razzo. Il ragazzino vola da una parte, il guantone da un'altra, la palla da un'altra ancora. Il ragazzino strilla. Gli sanguina qualcosa. Mug mi viene contro. «Che cavolo fai? Lo vuoi uccidere?» Schizzi della sua saliva mi arrivano in faccia.

«Il ricevitore stava bloccando la base» rispondo, calma. «Il mio compito è segnare.» Sputo nella polvere. «È baseball.»

Vado a prendere il mio guantone. Monto in bici. Mug mi segue. «È solo un bambino.»

«È un ricevitore» dico, e pedalo via.

Mug mi grida dietro: «E fatti una bici da femmina!». Come se potesse offendermi con una cosa del genere. Rido. La mia bicicletta è una Columbia Jet Rider. E sì, è una bici da maschio, con la barra in mezzo.

Mentre passo oltre il recinto del campo destro, non mi guardo indietro. Ma so che il ragazzino della Roadmaster è fermo sull'interbase, e mi guarda.

CAPITOLO QUINDICESIMO

Non mi importava che ce l'avessero con me. Ci ero abituata.

Siccome io ero La Povera Bambina La Cui Mamma Era Stata Uccisa Da Un Furgone Del Latte, gli adulti di Two Mills erano quasi sempre gentili con me. Ma questo non significava che dovessi esserlo anch'io. Una volta sentii una signora sussurrare: «È una tale bisbetica». Cercai il termine sul vocabolario. Significava "intrattabile". E quindi ero io. Mi stava bene.

Ero particolarmente intrattabile con gli altri ragazzini, che non me la davano vinta solo perché mia madre era morta.

Mi diressi da Ned sul viale del parco, a nord del campo da baseball. Ned era la casa dell'hot dog lungo trenta centimetri. Fantastico. Usai gli ultimi soldi per comprarne due e un'*ice cream soda*. A ogni morso mi sembrava di tirare un pugno al mondo intero.

Ero a metà del secondo hot dog quando la campanella del negozio di Ned suonò e un anziano infilò la testa dentro e disse: «L'hanno catturato!».

«Mi prendi in giro» rispose Ned. Stava lavando dei bicchieri. «Quando?»

«Stamattina» disse l'uomo. «L'ho appena sentito.»

«Dove?»

«A Bridgeport.»

«Non ci credo.»

Non ci fu risposta. La porta si richiuse con uno scatto. L'uomo era andato via.

Ned mi guardò. «Hai sentito?»

«Sì» dissi.

Infilò una spugna in un bicchiere. Un brutto ghigno gli incurvava le labbra. «Bene bene... quel figlio di...» Interruppe la parolaccia a metà, come fanno sempre gli adulti quando hanno dei ragazzini intorno.

Sapevo bene di cosa stavano parlando. Tutti lo sapevano. Una settimana prima, un ragazzo che pescava sul fiume aveva fatto una macabra scoperta. Il cadavere di una ragazza che galleggiava nell'acqua bassa, vicino a un pesce luna morto, diceva il giornale. Era ben visibile dal ponte della ferrovia, se qualche passeggero si fosse preso la briga di guardare in basso.

Si chiamava Annamarie Pinto. Aveva sedici anni. Era alta un metro e sessanta e aveva lunghi capelli neri. Ascoltava *Lavender's Blue* perché il lavanda era il suo colore preferito. L'anno successivo avrebbe frequentato l'ultimo anno di scuola superiore. Voleva andare alla Pierce Business School per diventare segretaria. Sua madre faceva la cassiera al supermercato Fiore sulla

East Main Street. Sapevo chi era perché andavo sempre lì a comprare bibite e merendine.

Annamarie Pinto era stata strangolata. Ma quello aveva causato solo metà dell'agitazione in città. L'altra metà riguardava un dettaglio: l'assassino aveva usato lo stesso rossetto di Annamarie per disegnarle qualcosa sulla pancia. Una stella in un cerchio. Per i primi due giorni, la gente era stata perplessa. La stella significava qualcosa? O semplicemente l'assassino amava le stelle?

E poi il pastore della chiesa battista aveva detto: «La punta della stella è in basso, non in alto».

«E quindi?» aveva chiesto la città.

«Una stella capovolta significa Satana» aveva risposto il pastore. «È un pentacolo.»

Nessuno aveva mai sentito di questo pentacolo, ma nel giro di poche ore quella parola era sulla bocca di tutti. Frasi come "adorazione del diavolo" e "culto satanico" erano volate di casa in casa. Là fuori c'era un folle a piede libero. In quel momento era lontano mille miglia? O viveva alla porta accanto?

Perciò quando il vecchio aveva esclamato: «L'hanno preso», Ned sapeva – e io pure – esattamente a cosa si riferisse.

Ma la cosa mi colpì solo quando mi allontanai da Ned in bici, leccandomi la mostarda dalle labbra. Fu allora che sentii le sirene. Conoscevo la differenza tra quelle della polizia, dell'ambulanza e dei pompieri. Si trattava di auto della polizia. Molte auto. Le porte delle case si aprirono. I ragazzini correvano.

Sfrecciai fino alla fine del viale, pedalai furiosamente fin sulla collina di Elm Street e girai a destra sulla

Cherry. Ero così elettrizzata che non mi accorsi di essere passata a razzo proprio all'Angolo. La gente gridava. Le sirene ululavano. Quando vidi la folla in Airy Street, deviai sulla Marshall, volai sul retro della prigione e giù per il vicolo che portava all'ingresso.

Tutto l'isolato era pieno di gente. Vedevo solo le luci rosse delle auto della polizia lampeggiare, mentre avanzavano lentamente tra la folla. L'ululato delle sirene si trasformò in un suono ritmato che avvisava: fate largo!

Mi liberai della bici. Me ne sarei preoccupata più tardi. Mi issai sul muro di cinta del piccolo cortile della prigione, anch'esso affollato. Mi feci strada a forza tra la folla fino al vialetto pedonale. Al contrario del resto, il vialetto era libero, dal marciapiede al portone d'acciaio. E davanti al portone, splendido nella sua uniforme blu che indossava solo nelle grandi occasioni, stava mio padre.

Indossava il cappello simile a quello dei poliziotti e la targhetta d'argento con su scritto: DIRETTORE DELLA PRIGIONE. Mia madre gliel'aveva regalata per un suo compleanno. L'aveva fatta personalizzare dalla gioielleria Keystone.

All'epoca lui non era nemmeno un direttore di prigione – era una guardia semplice e stava facendo dei corsi di criminologia – ma lei sapeva che ce l'avrebbe fatta.

Aveva la sua tipica espressione professionale. Stava sull'attenti. Non dava segno di accorgersi dell'agitazione intorno a lui. Mi sentii improvvisamente fiera – fiera che mio padre fosse lì. Il guardiano della prigione. L'addomesticatore di mostri. Mio padre. E poi i suoi occhi si mossero, un movimento impercettibile che dubito fosse stato notato da qualcun altro. Si fissarono su di me e uno di essi, il sinistro, mi fece l'occhiolino. A me! Per un momento mi sentii sorpresa e onorata anche solo del fatto che mi conoscesse.

E poi le auto della polizia accostarono. La folla diventò più agitata e rumorosa quando lo sportello posteriore si aprì e all'improvviso… ci fu il silenzio. Il silenzio della classe quando entra il preside.

Aveva pantaloni grigi con gli orli arrotolati. Una maglietta verde oliva. Sigarette in tasca. Calzini bianchi. Scarpe nere. I poliziotti lo trascinarono sul marciapiede – era incatenato ai polsi e alle caviglie – ma anche quando indietreggiarono per fargli spazio, lui rimase piegato in avanti, come se raddrizzarsi avesse significato affrontare il fatto che era arrivato a destinazione. Una voce dalla folla gridò: «Assassino!».

Ancora piegato, fece un passo avanti. Poi un altro. La portiera fu richiusa dietro di lui.

Passo dopo passo, cominciò a camminare in posizione eretta. La sua faccia fu in piena vista. Lo fissai, affascinata: era la faccia di un omicida. Un maniaco omicida. Nel giro di un'ora avrei saputo il suo nome: Marvin Edward Baker. Lavorava per una ditta di installazioni di finestre. Il che mi sorprese. Avrei pensato che quello dell'assassino fosse un lavoro a tempo pieno, come il lattaio o l'insegnante.

Il suo volto era cereo, ravvivato da un paio di baffi neri. Ovunque la sua pelle era visibile, pallida, come se avesse vissuto sottoterra o in una grotta… o in prigione. I suoi capelli erano lunghi e stopposi, talmente intrisi di brillantina che immaginai se ne potesse spremere un bicchiere intero.

I suoi occhi si mostrarono per ultimi. Erano chiari, grigi. Le palpebre battevano alla luce del giorno, che sembrava essergli estranea. Si guardò intorno per un attimo, poi fissò un punto davanti a sé. Trovai quegli occhi deludenti, vuoti. Puntavano verso mio padre ma non sembravano metterlo a fuoco, lui o chiunque altro. Gli unici suoni erano i suoi stessi passi e quelli della scorta armata – e il tintinnio delle catene, che non era molto diverso da quello delle bottiglie del latte.

Mentre mi passava accanto penso che mi aspettassi che mi guardasse, come aveva fatto mio padre, e mi individuasse. Non lo fece. Ma la sua stessa presenza, la sua vicinanza – avrei potuto allungare una mano per toccarlo – mi paralizzò le spalle. Guardai verso l'alto. Vidi un volto, quello di Eloda, alla finestra della mia stanza.

Quando Marvin Edward Baker si avvicinò a mio padre, la gente cominciò a riversarsi sulla loro scia. Si fermò immediatamente, però, perché io scelsi proprio quel momento per vomitare le mie razzie della mattinata su una mezza dozzina di scarpe e pantaloni.

CAPITOLO SEDICESIMO

La porta dell'appartamento era aperta. Eloda mi aspettava in cima alle scale. Aveva lo sguardo preoccupato.

«Stai bene?» mi chiese.

«Alla grande» grugnii, trascinandomi su per gli infiniti scalini.

Mi tolse il cappellino da baseball e lo gettò sul divano. Mi portò in cucina e mi diede un gingerino. «Fai i gargarismi e sputa» disse. Frugò in un cassetto e pescò una caramella. «Rompila con i denti e mastica.» Inumidì uno strofinaccio e mi pulì la faccia con vigore.

«Ahi!» gridai.

Si sedette con me al tavolo. Mi tastò la fronte. Mi sentì le ghiandole sul collo. «Niente febbre» concluse. «Nessun gonfiore.» Mi fissò. «Come ti senti?»

«Te l'ho detto» risposi. «Alla grande.»

«Forse è l'emozione» disse.

«Sì, forse» risposi. Morivo dalla voglia di dirle che era lei la causa per cui mi ero sentita male, ma mi fissava in un modo che mi impedì di farlo.

«Vuoi un digestivo?» mi chiese. «Per lo stomaco.»

Risposi di no.

Si inumidì un dito con la lingua e strofinò un punto sulla mia guancia che doveva esserle sfuggito... e all'improvviso ci furono delle grida sulle scale esterne e la porta si spalancò e Reggie piombò dentro: «Se n'è andato? Me lo sono perso, vero? L'ho perso! Oh, caccole, l'ho perso».

E subito ci superò e andò verso la camera di mio padre. C'era una piccola finestra quadrata sul muro in fondo. Dava proprio sull'ala degli assassini. «Non riesco a vederlo!»

Tornò indietro e si accasciò su una sedia. Niente rossetto. Piedi nudi. Sbuffava. Sudava. «... Saputo troppo tardi... ho corso...» E poi mi assalì di domande. «Com'era? Magro? Ha detto...» L'orrore la travolse all'improvviso. Si guardò la pianta di un piede e la fissò. «Bleaaah!!!» Saltellò verso il lavandino, afferrò uno strofinaccio e si pulì il piede con foga. «Qualcuno ha vomitato sul vialetto. Ci sono finita in mezzo.»

Non dissi nulla.

«Be'» continuò, gettando via lo strofinaccio, «almeno ho sentito qualcosa.»

Drizzai le orecchie. «Cosa?»

Si sedette di nuovo. «Ho sentito qualcuno che diceva di averlo sentito dichiarare: non andrò mai a Rockview.» Si rimise in piedi di scatto. Era troppo agitata per stare seduta. «Che cosa significa, secondo te?»

Tra i ragazzini della città, ero considerata l'esperta di crimini e prigioni. «Sembra che abbia intenzione di scappare o di farsi fuori» risposi. «O di finire ammazzato in una sparatoria.»

Lei sembrò colpita. «Wow! E cosa sarebbe Rockview?»

«La prigione di stato» risposi.

«E quindi? È così male?» Indicò intorno con la mano. «Peggio di questa?»

«In un certo senso» dissi. «A Rockview c'è la sedia elettrica.»

Reggie spalancò gli occhi. Fissò il pavimento e pronunciò il suo nome come una preghiera: «Marvin Edward Baker… la sedia…». Si voltò verso Eloda, le cui mani, realizzai, erano rimaste sulla mia spalla. «È perfino più famoso di quanto immaginassi, allora.»

Eloda di solito si dileguava quando Reggie mi faceva visita. Quello era il contatto più prolungato che aveva mai avuto con la mia istrionica amica.

Reggie camminava avanti e indietro nella stanza, tenendo le braccia come se stesse ricevendo le ovazioni di una folla adorante. Il suo sogno era diventare una star di musical. Prima a Broadway e poi al cinema. Il suo piano era essere scelta nel programma televisivo "Bandstand", in cui facevano ballare coppie di ragazzi, ed essere scoperta da un talent scout.

«Non capisci?» disse. «Il suo nome è sulla bocca di migliaia di persone. Ora. Domani saranno milioni.»

«È un assassino» disse Eloda, con una decisione che mi sorprese.

«Un assassino famoso» replicò Reggie.

«Un assassino di bambine» rettificò Eloda.

Reggie si girò verso di lei con espressione ferita, come se la cameriera le stesse rovinando il divertimento. Poi lo sguardo ferito si trasformò in uno sguardo perplesso, curioso. «E quindi, Eloda... perché pensi che l'abbia fatto?»

Sotto quelle parole c'era un tono tagliente che diceva: "E quindi, Eloda... sei una criminale anche tu. Sai come funziona una mente criminale. Perché pensi che l'abbia fatto?".

Sentii le dita di Eloda stringersi sulla mia spalla. Seguì un silenzio imbarazzante. Poi la sua mano sparì e lei uscì dalla stanza.

Reggie alzò le spalle. «È stata proprio di grande aiuto.» Mi diede una lunga occhiata. Come al solito, non trovò niente che le piacesse. Mi colpì con il dito in mezzo agli occhi. «La prossima volta mi porto le pinzette. Di certo non voglio avere un'amica con il monosopracciglio.» E poi se ne andò anche lei, di corsa giù per le scale, gridando che senza mascara si sentiva nuda.

Mio padre doveva aver visto la colossale vomitata, ma a cena non ne fece parola. Né parlò del nuovo prigioniero.

Solo quando mi misi a letto mi tornò in mente il momento più importante della giornata: Eloda che si inumidiva il dito per pulire la macchia sulla mia guancia. Una sensazione dolce si diffuse dentro di me.

Si era comportata da mamma!

CAPITOLO DICIASSETTESIMO

Non durò.

Il giorno dopo era tornata la solita impassibile Eloda, e io ero di nuovo arrabbiata che non le fosse piaciuto il diario. Ma l'arrabbiatura durò solo finché non vidi cosa c'era al mio posto, al banco della colazione. Una chiave.

Mio padre, come sempre, era già andato al lavoro. Ma non importava – non avevo bisogno di chiedergli spiegazioni. Lo capii subito. Era la chiave del cancello del cortile femminile.

Avevo vinto!

L'uscita in cortile cominciava alle dieci del mattino. Guardai dalla finestra della cucina. Alle 10:15 Helen e Tessa stavano giocando al volano senza rete. (Gli avevo restituito la racchetta e la pallina.) Deena si stava abbronzando sul suo asciugamano da doccia. Boo Boo teneva banco, ridendo e fumando.

Andai giù. Mi comportai come sempre, come se fossi lì per la mia solita visita al di là del recinto. «Salve, donne» dissi. Mostrai la chiave. Sorrisi. Il cortile diventò improvvisamente tutto silenzio e sguardi su di me. Inserii la chiave nel lucchetto. Aprii il cancello. Entrai.

Pandemonio!

«Miss Cammie!»

Fui assalita. Arrivarono tutte correndo, a parte Deena, che si tolse gli occhialini protettivi. Qualcuno gridò: «La piccola guardiana!».

In verità ci furono due assalti. Prima quello di Boo Boo. Che tecnicamente mi travolse. Mi ritrovai sommersa dalle sue braccia massicce e faticavo a respirare nelle soffici profondità del suo petto. Forse sarei morta in quel momento se delle mani non mi avessero tirata via per il secondo assalto. Erano più di trenta donne – dita che mi tastavano come becchi di gallina, come se non potessero credere che fossi reale, come se non avessero mai toccato una persona prima.

Riuscii a guardare in alto. In cima al muro di cinta, Jim Carilla era uscito dalla torretta di guardia con il fucile, e ci fissava. Lo salutai con la mano. «Tutto okay, Jim!»

Poi le grida di entusiasmo si trasformarono in domande. Tutte volevano notizie del detenuto famoso.

«Ha la faccia da assassino?»

«Ti ha guardata?»

«Puzza?»

Quando una delle donne disse: «Lo friggeranno a dovere», il tumulto improvvisamente si placò. Gli sguardi si spostarono sul muro che separava il cortile da quello degli uomini.

I nostri detenuti – e immagino i detenuti di qualsiasi prigione – praticavano l'arte di dimenticare dove si trovassero. Specialmente quelli con condanne lunghe, evitavano di tenere calendari in cella che ricordassero loro il tempo infinito che ancora gli restava da trascorrere in prigione. Cercavano di non guardare avanti, come chi soffre di vertigini cerca di non guardare in basso. Un altro modo per dimenticare era tenersi impegnati con cose della vita di fuori: sigarette, libri, radio (il programma "The Shadow Knows!"), dolciumi. Cose semplici, come sognare a occhi aperti e dormire, erano vitali.

Ma c'erano interferenze che rendevano impossibile dimenticare. Lo schiocco del manganello del direttore della prigione quando contava le luci spente la sera. Sedersi in un bagno senza la riservatezza di porte o muri. E la cosa che più di tutte li riportava con i piedi per terra: sapere che tra loro c'era un detenuto condannato al braccio della morte. Non era il crimine che aveva commesso ad affascinare e spaventare le detenute, ma la probabilità che il loro nuovo compagno di prigione avesse un appuntamento con la sedia elettrica a Rockview. Lo capivo. Anch'io non riuscivo mai a salire sulla Torre della Morte senza fissare – e toccare – il cappio.

Le domande e il trambusto continuarono per un po', ma alla fine trenta donne non potevano nulla contro Boo Boo. «Okay, ora basta!» dichiarò, le sue dita laccate di rosso che si agitavano. «Lasciate in pace la ragazzina!» All'improvviso mi ritrovai sulle sue spalle come un sacco di farina.

La voce di Jim gridò da sopra il muro: «Ehi!».

Alzai il viso, lo salutai e gridai a mia volta: «Tutto okay, Jim! Sto bene!».

E lei continuò a trasportarmi come se nulla fosse.

CAPITOLO DICIOTTESIMO

Boo Boo mi depositò sulla panchina di cemento nella Stanza della Quiete. Come al solito, era deserta. L'unico suono era quello della piccola cascata che versava acqua senza sosta dalla carriola di stagno dentro la piscina circondata di piante. Boo Boo continuava a stringermi le mani e le spalle come per assicurarsi che fossi ancora intera. Profumava di fragole. Mi sistemò i capelli e i vestiti. Tentai di protestare debolmente: «Boo Boo, sto bene. Non mi hanno fatto niente».

Una rabbia improvvisa passò nei suoi occhi, come se le avessi messo quel pensiero in testa. «E sarà meglio che non ci provino» ringhiò.

Stavo ricevendo più attenzioni materne da Boo Boo in un minuto di quante ne avessi avute da Eloda in sei mesi. In quel momento desiderai che fosse Boo Boo la nostra domestica.

Mi stava mostrando un lato nuovo di se stessa. Il tono della sua voce era basso, riservato. Il suo sguardo continuava ad andare in direzione del cortile, come per paura che qualcuno scoprisse che non si stava comportando in modo plateale ed esuberante.

Mi sventolò le dita davanti alla faccia. Fece un sorriso immenso. «Ti piacciono le mie unghie?»

Le lunghe unghie laccate di rosso fuoco stavano su Boo Boo come del rossetto su un ippopotamo. Avrebbero dovuto sembrarmi comiche o inutili, e invece mi fecero un effetto di tenerezza. Annuii. «Carine.»

«Puoi toccarle.»

Ne toccai una.

La sua voce diventò un sussurro. «I cosmetici non sono permessi. Ma tuo padre ha fatto un'eccezione.» Si chinò verso di me. «Gli sono simpatica.»

«Lo so» risposi. E chissà per quale ragione notai solo allora che diverse ciocche dei suoi pazzi capelli erano bianche.

Mi venne in mente che non avevo mai fatto a Boo Boo la Grande Domanda. «Conosci Eloda Pupko?» chiesi.

«Capelli arancioni. Scorza dura, ho sentito» rispose. «Perché?»

«Sai perché è dentro?»

La sua risposta fu immediata. «Incendio. Ha cercato di dare fuoco alla città.»

Vide lo shock sul mio viso, e rise. «Forse. O forse no. Non credere a niente di quello che senti qua dentro. Ma posso dirti qual è il crimine che sta commettendo ora.»

«Cosa?» chiesi.

«Snobismo.»

«Snobismo? E cosa sarebbe?»

«Ha la puzza sotto il naso. Ci ignora. Passa tutto il suo tempo qui dentro, invece che in cortile, ci puoi credere?»

«Qui? Nella Stanza della Quiete? Eloda Pupko?»

Diede uno schiaffo alla panchina. «Proprio su questa panchina.»

Forse, ipotizzai, era la Stanza della Quiete a renderla silenziosa e scontrosa. Che non era esattamente l'obiettivo di mio padre.

«E adesso» continuò Boo Boo, «viene lassù» fece un gesto verso il nostro appartamento, «a snobbarci con voi. Come se vivesse là. Scende solo per dormire e torna subito su. Mai un minuto per noi poveri mortali. Fa la bella vita.» Si infilò una mano nella scollatura e tirò fuori un'enorme bandana rossa. Mi ci spolverò la faccia, facendomi ridere. «Glielo devi dire a tuo padre, licenzia quella carota moscia e assumi Boo Boo. Boo Boo spolvererà così bene che non crederà ai suoi occhi!»

Ci mettemmo a ridere.

Mi diede un colpetto. «Torte? Ti piacciono le torte?»

«Le adoro» risposi. «Carl me ne fa una a settimana.»

Lei sbuffò. «Ah, io te ne farò una al giorno. Appena esco. Qual è la tua preferita?»

Alcune domande non hanno risposta. «Tutte» dissi.

«Ti ha mai fatto quella alle patate dolci? Con i marshmallow sopra? Eh?»

«No» ammisi.

«Allora sarà quella la tua preferita. La torta alle patate dolci di Boo Boo. Il giorno dopo il mio rilascio... proprio quel giorno» mi diede un altro colpetto col dito, «entrerò dritta nella Reception con quella torta tra le mani... ancora calda...» Fece un respiro profondo che sembrò raddoppiare la sua stazza già enorme. «Senti il profumo? Eh?»

«Credo di sì» risposi. E non scherzavo.

«E la guardia farà: "Mmm, che abbiamo qui, signora Boo Boo?". Mi chiamerà signora perché sarò fuori. E io gli risponderò: "Non è roba per te, è per miss Cammie O'Reilly". "Oh, bene allora" dirà lui, "la trova là, in cima a quella scala." Ecco cosa farò. Verrò su per quella scala e – ascolta, questa è la parte migliore. Quando arriverò in cima non dovrò bussare alla tua porta.» Sorrise. Colpetto con il dito. «Indovina perché?»

A malapena respiravo. «Perché?»

«Perché tu già saprai che sto arrivando, ragazzina! Sai che la torta di Boo Boo è in arrivo e sei già fuori dalla porta, seduta sull'ultimo gradino ad aspettare e aspettare come se fossi Babbo Natale.» Si era alzata e camminava avanti e indietro nella Stanza della Quiete, agitando le braccia. «E ti darò la torta e farò per andarmene e tu mi chiamerai e dirai: "Aspetta, Boo Boo! Vieni dentro. Non posso certo mangiarmi tutta questa torta da sola". Ecco come andrà. Affetteremo la torta in cucina e ci sederemo lì a chiacchierare e a mangiare e a ridere e a chiacchierare e a mangiare...» Riuscivo a sentire il sapore. Boo Boo guardava verso la cascata. Allungò una mano e toccò il getto d'acqua. Si girò. La sua faccia era seria. «Appena esco.»

«Fra quanto tempo, Boo Boo?» chiesi.

Alzò lo sguardo verso il soffitto di vetro. «A momenti» rispose. «Il mio avvocato ci sta lavorando. Mi stupisce che non mi abbia ancora chiamato.»

Il suo umore sognante cambiò bruscamente e lei diventò un'istruttrice, pronta a darmi lezioni di taccheggio. Mi disse che c'erano due regole: 1) indossare una gonna o un pantalone largo, non un vestito; 2) ingrassare parecchio. Quando rubi qualcosa in un negozio, lo infili nelle mutande, per questo è molto più facile e veloce se non hai un vestito. Più sei grasso e più sono grosse le tue mutande, quindi ci puoi infilare più roba – ed è meno probabile che qualcuno noti qualche chilo in più su di te.

Si prese un rotolo di ciccia in ogni mano. «Dove pensi che mi sia procurata questo bagaglio?»

«Non lo so» risposi.

Lei esclamò: «Da Scooper Dooper!».

Si trovava sulla West Marshall. Era la migliore gelateria del mondo. «Davvero?» chiesi.

Lei agitò i rotoli di ciccia davanti alla mia faccia. Sembrava mi invitasse a dargli un morso. «Coppe… coni… tripla salsa! Frappè bianchi e neri… ma sai quale mi piace di più?»

«Quale?»

Lasciò andare i rotoli. Fece un respiro profondo. «Banana split.» Lo disse come altre persone dicono amen. «Potrei mangiarne a centinaia.» Mi infilzò con un dito laccato. «E vale anche per le altre cose. Tutte e tre le palle solo cioccolato – niente miscugli di cioccolato, vaniglia e fragola. E noci caramellate. Molto caramellate. E panna montata extra. E mou caldo. Niente ananas.» Mi colpì il ginocchio. «E» mi mostrò quattro dita, «quattro ciliegie. Una per ogni palla, più una extra.»

«Wow» commentai. Aveva un modo tutto suo di parlare di cibo. Mi stava venendo fame.

Riafferrò i rotoli di ciccia sulla pancia e li guardò. «Scooper Dooper. Banana split.» Mi guardò. Mi prese un braccio e lo strizzò. «Dammi due anni, forse tre – tu, io, da Scooper Dooper... ragazzina, ti metterò addosso tanti di quei chili che usciremo da Woolworth's con tanta di quella roba da poterci aprire un negozio tutto nostro!»

Ridemmo così tanto che all'inizio non sentimmo il fischio. Poi arrivò: il lungo richiamo sfiatato del birrificio Scheit, che se ne stava accovacciato con la sua mole enorme sul versante orientale di Stony Creek. Ovunque fossi... a stendere il bucato nell'East End... a rimuovere un'appendice all'ospedale Sacro Cuore... a pescare sul Rohm all'estremità occidentale... a contare i giorni e gli anni nella prigione della contea di Hancock... se eri vivo e sveglio, lo sentivi. Gli adulti ci regolavano gli orologi. A mezzogiorno in punto, ogni giorno, il fischio del birrificio annunciava a tutti gli abitanti di Two Mills: è ora di pranzo!

Io e Boo Boo ci salutammo e lei raggiunse il resto delle ragazze (così le chiamavo) che stavano rientrando. Mi fermai nel cortile vuoto prima di tornare a casa. Mi sentivo sorridere al ricordo della sorpresa e dell'entusiasmo delle ragazze quando si erano accorte che ero entrata per unirmi a loro. Aveva fatto un'enorme differenza essere dallo stesso lato del recinto. Entrai nel nostro cortile posteriore. Mi richiusi il cancello alle spalle e salii le scale fino all'appartamento. Nella mia mente, ritoccai il titolo di testa della rivista "Ordine e legge".

La figlia del direttore della prigione: più efficace di un cucciolo?

CAPITOLO DICIANNOVESIMO

Il giorno dopo non tornai in cortile. Ero troppo preoccupata da quello che Boo Boo mi aveva detto su Eloda.

La osservai mentre facevo colazione. La osservai svuotare il cestino dell'immondizia e passare l'aspirapolvere sui tappeti. Cercai di far calzare la parola "piromane" su di lei. Più la guardavo, più diventava misteriosa.

E presto non ce la feci più.

Era nella stanza del bucato. Era davanti alla tavola da stiro, e stirava una delle camicie eleganti di mio padre. Un mucchio di panni sgualciti stava sulla lavatrice. Li spinsi da parte e mi issai a sedere. Non sprecai molte parole.

«E quindi» dissi, «ho sentito che sei una piromane.»

Fui delusa. Il suo viso non mostrò traccia dello stupore che avevo sperato. Ma la sua mano si fermò di colpo, il ferro sospeso sopra una manica immacolata. Notai per la prima volta le sue unghie. Erano corte e semplici come quelle di un uomo, per niente come quelle di Boo Boo. Non c'era un briciolo di femminilità in Eloda Pupko. Alla fine il ferro si mosse e ricominciò a stirare la manica.

«Non dici niente?» chiesi.

Il suo sguardo non lasciò la manica. «E cosa dovrei dire?»

«Ti ho fatto una domanda.»

«La tua era un'affermazione.»

Sbuffai. «E va bene... è vero? Sei una piromane? Per questo sei dentro? Hai cercato di dare fuoco alla città?»

Fece un gesto di sufficienza. «Se lo dici tu.»

«Non lo dico affatto. Te lo chiedo.»

«Chi te lo ha raccontato?»

«Boo Boo.»

«Allora deve essere vero.»

«Eloda, potresti guardarmi, per favore?»

Sollevò il ferro. Mi guardò. Per due secondi. E tornò al lavoro.

Che donna irritante. «Perché ti comporti da schifo?»

Si fermò di nuovo. Parlò al ferro: «Io sono uno schifo». E ricominciò a stirare.

Repressi una risata. «Sto cercando di fare conversazione.»

Appese la camicia stirata. «Congratulazioni.» Ne attaccò un'altra, inumidendola prima con lo spruzzino.

Non avrei mollato. «Boo Boo dice anche che sei una con la puzza sotto il naso.»

Nessuna reazione. Stira, stira.

«Dice che pensi di essere speciale perché passi qui tutto il tempo. Pensi di essere migliore delle altre detenute.»

Alzò le spalle. «È vero.»

«Certo» dissi. «Ti dimentichi che sei solo un avanzo di galera.»

Annuì. «Esatto.»

Cosa le costava prendermi sul serio?

Sbattei i talloni sulla lavatrice.

Parole incaute stavano per uscirmi dalla bocca e non potevo fermarle. «Pensi di vivere qui. Di essere parte della famiglia.»

Nessun movimento, a parte due sopracciglia sollevate. «Davvero?»

«Sì...» Puntai il dito contro di lei, non potei farne a meno. «Chi pensi di essere? Mia madre?»

All'inizio non ci fu nessuna reazione. Mentre le mie parole restavano sospese nell'aria, lei continuò a stirare per altri dieci secondi buoni. Poi appoggiò il ferro sulla parte posteriore dell'asse e mi guardò negli occhi. «Non ti preoccupare» rispose con devastante sicurezza. «Non sono tua madre.» Si rimise a stirare. E aggiunse: «Non lo sarò mai».

Mi ci volle un momento per assorbire le sue parole. Quando arrivarono, le gridai contro: «Benissimo!», e saltai giù dalla lavatrice. Colpii lo spruzzino con una manata. Si fracassò contro il muro. C'era vetro e acqua dappertutto. «Fantastico!» gridai. «Sono felice che lo abbiamo chiarito! E vuoi sapere una cosa? Eh? Te la dico io! Dirò a mio padre di rimandarti al tuo posto! Farai i tappeti e le palle di spago come tutti gli altri!»

Impassibile come sempre – a parte un piccolo sobbalzo quando lo spruzzino aveva colpito il muro – lei se ne stette lì in mezzo all'acqua e al vetro e disse: «Davvero?».

La mia rabbia superò i livelli di guardia. «Sì, davvero!» gridai. «Puoi dire addio alla bella vita!»

Sollevò il ferro dalla camicia e mi guardò. Fu tutto. Non vidi emozioni, né alcuna reazione soddisfacente nei suoi occhi. Non so quanto durò quel gioco di sguardi. E poi un improvviso trambusto arrivò da fuori. Colsi l'occasione per evitare uno scontro finale che in realtà non volevo. Corsi alla finestra che dava sull'esterno. Sotto di me una folla si riversava dal marciapiede sulla strada.

Capii cosa stava succedendo prima ancora di vedere l'assassino Marvin Edward Baker. Il prigioniero stava rientrando dalla chiamata in giudizio.

Il sesto emendamento della Costituzione degli Stati Uniti dice che un imputato ha il diritto di sapere esattamente perché è stato arrestato. E per giunta gli deve essere comunicato in fretta, in modo che non resti seduto in una cella per mesi, a chiedersi cosa stia succedendo. Ecco perché la chiamata in giudizio di solito viene emessa quarantotto ore dopo l'arresto. L'imputato viene informato delle accuse e gli viene offerta la possibilità di dichiararsi innocente o colpevole.

Volendo evitare altro disordine pubblico, mio padre aveva fatto uscire Marvin Edward Baker da una porta laterale e giù per l'isolato più breve fino al tribunale alle quattro e trenta del mattino. Ma non aveva potuto controllare tutto il corso degli eventi. Quando il giudice aveva pronunciato le parole: «Ha causato la morte di Annamarie Grace Pinto intenzionalmente e in maniera premeditata», un fiume di gente si era riversato dal tribunale nella prigione. I cittadini di Two Mills conoscevano bene il sesto emendamento.

La folla si divise con riluttanza per far passare le auto lampeggianti che avanzavano su Airy Street. Questa volta non fu il silenzio ad accogliere Marvin Edward Baker che emergeva dalla macchina. Una valanga degli insulti più brutti che avessi mai sentito mi raggiunse attraverso la finestra aperta. Questa volta il celebre criminale fu visibile per pochi secondi prima di sparire dietro le fauci d'acciaio dell'ingresso, sotto il salotto.

Le maledizioni infuriarono a lungo contro la nostra fortezza scura, sovrastando il rumore di passi sulla scalinata che normalmente sarei riuscita a sentire. Dei colpi improvvisi alla porta del nostro appartamento, uniti al grido di: «Cammie! Apri!», annunciarono l'arrivo di Reggie Weinstein. La meraviglia nei suoi occhi spalancati, l'eccitazione che trasudava da ognuno dei suoi perfetti pori, mi suggerirono che si fosse consolata per aver perso la passerella dell'assassino, la prima volta.

Mi sbagliavo.

Mi afferrò per le spalle e mi scosse come un pompom e mi strillò in faccia: «Mi hanno presa a "Bandstand"!».

CAPITOLO VENTESIMO

Gli strilli continuarono per venti minuti. Era soprattutto Reggie a gridare: «Non ci posso credere!», «Sta succedendo davvero!», «Dammi un pizzicotto!».

Ma anche io feci la mia parte, perché ero davvero felice per lei: «Wow!», «Oh mio Dio!», «Forte!».

Quando fu possibile fare una vera conversazione, seppi che il padre di Reggie aveva finalmente ceduto. Lo aveva implorato per un anno. La sua grande obiezione era stata che Reggie aveva solo tredici anni. L'età per partecipare a "Bandstand" era dai quattordici ai diciotto. Reggie aveva ribattuto che non bisognava certificare la propria età, bastava mentire e loro ti credevano, soprattutto se sembravi abbastanza grande.

Il momento fatidico era arrivato quella mattina. Suo padre era in bagno a radersi. Reggie piantonava la porta, piagnucolando e supplicando. All'improvviso la porta si era spalancata ed era apparso suo padre con la faccia imbrattata di schiuma da barba, gridando: «Va bene, vai! Vai! E spero che ti arrestino!».

Quanto alla madre di Reggie, non era mai stata un problema. Bastava guardarla per capire da chi Reggie avesse preso l'aspetto e lo stile. La mamma di Reggie chiama le amiche di sua figlia "tesoro" e ballò con lei in salotto per festeggiare l'ammissione a "Bandstand".

«E quindi» chiesi, «dovrai ballare?» Sembrava una domanda stupida ma la pista di "Bandstand" era piccola e di solito era monopolizzata dai partecipanti fissi che venivano da South Philly. Guardarli dal vivo o in TV era diventato praticamente uno sport nazionale. Avevano perfino il loro fan club.

Lei sogghignò. «Come chiedere a un orso se la farà nel bosco.»

«E che mi dici di Tommy D?» chiesi.

Ah. Tommy D.

Era l'unico nome di cui avevi bisogno. Tommy DiBenedetto era il ragazzo più carino del programma. Capelli neri e mossi che gli ricadevano sulla fronte. Occhi micidiali color mezzanotte. Tutte le ragazze della Delaware Valley erano innamorate di lui, inclusa Reggie. Inclusa la ragazza di Tommy e sua compagna fissa a "Bandstand", Arlene Holtz.

«In che senso?» rispose lei.

Non ci avevo ragionato. «Non saprei... non l'ho mai visto ballare con nessuno a parte Arlene.»

«E allora?» tagliò corto lei. «Chi ha bisogno di Tommy D?»

E io pensai: *Gente di "Bandstand", attenzione.*

Reggie aveva portato la borsa di "Bandstand" in cui

teneva i suoi dischi. Aveva la forma di una lattina gigante o di una piccola cappelliera. Sopra c'era una foto di Dick Clark. Ci mettemmo a cantare mentre ballavamo: «Mi hai tradita, hai mentito, hai detto che mi amavi». Nonostante gli instancabili sforzi di Reggie per rendermi più femminile, quando ballavamo toccava sempre a me fare il maschio. «*Splish splash,* mi stavo facendo il bagno, pronta per il sabato sera!» Ballammo un lento. Ballammo veloce. Facemmo tutti i passi dello *jitterbug* (compresi quelli nuovi) e del *Bristol stomp,* battemmo il ritmo con le mani, e poi passammo all'alligalli, al birdland, al cha cha cha e al calypso.

Smettemmo di ballare solo per cantare – anzi, gridare – il nostro personale inno nazionale delle Cookies: «Non dire niente di male su di lui, tu non sai, non dire niente di male su di lui. Lui è vero, è vero per me».

Ci prendemmo la faccia tra le mani a vicenda e latrammo l'ultima strofa un milione di volte: «Perciò, ragazza, farai meglio a tenere la bocca chiusa!».

Eloda fece l'errore di apparire in salotto. «Eloda!» strillò Reggie. «Vado a "Bandstand"!»

Eloda sollevò lo sguardo dallo straccio per la polvere solo per rispondere in tono piatto: «Ma non mi dire».

Se Eloda fosse stata intelligente, sarebbe scappata di sotto a rinchiudersi nella sua cella. Reggie le piombò addosso ballando, gettò via lo straccio e la costrinse a seguirla nel birdland intorno al tavolo del salotto. Le concesse perfino il ruolo della donna.

Eloda cercò di stare al gioco ma non riuscì a nascondere il fastidio sul suo volto. Mi sentii in colpa che dovesse sopportare l'esuberanza della mia amica – e mi sentii ancora peggio per averla costretta a sopportare me nella stanza lavanderia. Dovevo salvarla. Dissi la prima cosa che mi venne in mente: «Eloda, la mia stanza puzza di chiuso. Potresti aprire la finestra per arieggiarla?».

Eloda si staccò da Reggie e scappò.

Reggie attaccò il frigo per prendersi una bibita alla ciliegia, la sua preferita. Ne tenevamo sempre alcune bottiglie per lei.

«Dev'essere fantastico» disse lasciandosi cadere sul divano, «avere una cameriera.»

Reggie l'aveva chiamata così dal giorno in cui aveva cominciato a lavorare per noi. Non mi aveva mai dato fastidio, prima di quel momento.

«Non è una cameriera» replicai. «È una detenuta fidata. Questo è il suo compito.»

«Dovete fidarvi un bel po' di lei. E se vi ruba qualcosa?»

Le feci cenno di tacere. «Zitta. Ti sentirà. E non ruba.»

«E se lo facesse?»

«Non lo fa.»

Bevve un lungo sorso di bibita. Si chinò in avanti. «Voglio solo dire, sarà in prigione per un motivo, no? Fidata o meno.»

«E c'è anche un motivo per cui sono chiamati "detenuti fidati"» ribattei. «Perché ti puoi *fidare* di loro.»

«E c'è un motivo per cui sono in prigione. Perché sono criminali.»

«Lei mi vuole bene!» sparai.

Ancora oggi non so chi si stupì di più di quella dichiarazione, se io o Reggie. Perché lo dissi? Sapevo che non era vero. Ma avrei voluto che lo fosse. Io e Reggie ci guardammo a bocca aperta.

Poi la sua espressione cambiò, si ammorbidì. Mise giù la bibita e venne a sedersi sul bracciolo della mia poltrona. Sorrise. «Cammie… sto solo cercando di…»

Qualunque cosa fosse, non volevo sentirla. Farfugliai: «A volte fingo che sia mia madre».

Lei batté le palpebre. Non mi credeva. E poi lo fece. Si guardò intorno per assicurarsi che Eloda non fosse nei paraggi. Infine sussurrò: «È in *prigione*».

Difendere. Mentire.

«Non per molto» dissi.

Questo la frenò. «No?» disse. «E quando esce?»

Mentire. «Da un momento all'altro. Il suo vecchio lavoro l'aspetta.»

«Davvero?» Sembrava interessata. «E di che lavoro si tratta?»

«Un'impresa di pulizie. Pulisce le case della gente. Le danno la chiave così lei può entrare anche quando non c'è nessuno.» Non riuscivo a fermarmi.

«Ah, sì?» chiese.

«Sì.»

«E quindi quale sarebbe il suo reato?»

«Taccheggio.»

«Sul serio?»

«Sì.»

«E che cosa ha rubato?»

«Un pacchetto di sigarette.»

«Un pacchetto di sigarette. L'hanno rinchiusa per avere rubato un pacchetto di sigarette?»

«Non le aveva nemmeno rubate. Aveva dimenticato di pagarle. E aveva un pessimo avvocato.»

Scosse la testa. Mi sorrise dall'alto. Era un sorriso

carico di pietà, quella che i giusti riservano alle anime sfortunate e perse. Non aveva creduto a una sola parola di quello che avevo detto. «Cammie... Cammie... la vita non è una storia a fumetti.» Mi strinse la mano. «I cattivi non diventano buoni così.»

«Dillo alla rivista "Ordine e legge"» risposi. «E a mio padre.» Pensai alla Stanza della Quiete. L'eternamente vuota Stanza della Quiete.

«La maggior parte delle persone che escono di prigione, combinano qualcos'altro e finiscono di nuovo dentro.»

«Che stupidaggine» dissi. «Cosa ne sai tu di prigioni?»

Mi strinse la mano. «Se uno è cattivo, è cattivo. Questo lo so.»

Non avevo più argomenti. «Non mi importa» risposi, sperando che lasciasse perdere.

Non lo fece.

Scese dal bracciolo. Si inginocchiò sul pavimento davanti a me. Lo stupore e la condiscendenza erano spariti. Era solo molto seria, come se stesse esaminando lo scaffale dei cosmetici da Woolworth's. «Cammie» disse. Mise una mano sulla mia. «Non voglio che tu ci resti male.»

Guardai un punto oltre la sua testa. «A te cosa importa?»

«Sei la mia migliore amica.»

«Capirai.»

Mi strinse di nuovo la mano. «Cammie, è una detenuta. Non può essere tua madre. Ti sta prendendo in giro.»

Ritrassi la mano dalla sua stretta. «Questo lo dici tu.»

Fece un gesto per indicare l'appartamento. «Cammie,

guarda.» Non guardai. «Guarda il bel posto in cui vivi. Se tu fossi ingabbiata in una cella, non vorresti avere un bel lavoro comodo quassù?» Mi strinse la mano per la terza volta. All'improvviso non sopportai il suo tocco. «Non saresti tutta carina con la figlia del direttore della prigione, in modo da tenerti questo bel lavoro comodo?»

Risentii la voce di Boo Boo: puzza sotto il naso... bella vita.

Scostai la sua mano con uno strattone. Le gridai in faccia. «Non è affatto carina con me!» E pensai: *Vorrei che lo fosse.*

«Va bene» rispose lei, calma e ragionevole, Reggie l'adulta. «Non è carina. E allora lascia che sia la tua cameriera. Anche tua amica. Invitala al tuo matrimonio.» Adesso si agitava, gesticolando un sacco. «Ma per l'amor di Dio, non pensare che possa farti da madre! È una criminale!»

La spinsi via. Forte. Lei ruzzolò all'indietro. Sbatté la testa sul pavimento. Le gridai contro: «Tu non sai un bel niente!».

Shock. Incredulità. Lacrime. Era così ansiosa di raggiungere la porta che percorse metà strada carponi prima di rimettersi in piedi. Armeggiò con la barra, gridando insulti, singhiozzando. Alla fine riuscì a spalancare la porta. Si girò. Aveva le guance nere di mascara. Mi puntò un dito contro ed esclamò: «Solo perché hai perso tua madre non significa... non significa...». Ingoiò i suoi stessi singhiozzi e ciabattò giù per le scale e, intuii, fuori dalla mia vita per sempre.

CAPITOLO VENTUNESIMO

La porta era ancora aperta dopo la fuga di Reggie. Salii sulla Torre della Morte fino alla Stanza dei Salami. Guardai fuori dalla stretta feritoia. Reggie stava passando davanti al tribunale. Continuava a portarsi una mano alla bocca. Era difficile dirlo con certezza da quella distanza, ma pensai: *Sta fumando!* Girò a sinistra e sparì dalla mia vista, diretta in centro.

Tornai sulla scala della torre fino alla porta che mi era proibito aprire. Conduceva al camminatoio, un passaggio angusto e merlato che girava intorno alla torre. Il camminatoio era zona vietata per me. Non mi importava. Aprii la porta, mi chinai e uscii fuori.

Il muro esterno mi arrivava alla vita. Camminai avanti e indietro. O almeno, lo fecero i miei piedi. Il resto di me era tutto nella testa, insieme ai detriti lasciati dalla mattinata che vorticavano furiosi come il bucato nella lavatrice di Eloda: *Il vetro sul pavimento della lavanderia…*

vado a "Bandstand"!... Marvin Edward Baker... la folla in Airy Street... è una detenuta... Tommy D... se uno è cattivo, è cattivo... lei mi vuole bene... non è vero... a volte faccio finta... sarà meglio... come una furia... piromane... non è vero... chiudi la bocca... lei non è... lei non è...

Aveva ragione Reggie? Ero solo quello per Eloda? Un modo per uscire di cella? Un bel lavoro comodo?

Certo, se paragonato alla normale giornata di un detenuto, era davvero un bel lavoro comodo. O, come la metteva Boo Boo, la bella vita. E allora perché Eloda non si impegnava a prendermi per il verso giusto? Non sapeva che la figlia del direttore della prigione godeva di un certo credito da quelle parti?

E soprattutto, perché tra tutte le persone al mondo mi ero confidata proprio con Reggie Weinstein? Sì, era bella. Era divertente. Era forte. Ma la corona per Miss Sensibilità? Direi di no.

Quanto tempo rimasi a passeggiare avanti e indietro per il camminatoio? All'improvviso una faccia spuntò sulla soglia della piccola porta. Era Tony, la guardia diurna che controllava il portone principale al pianterreno, la prima persona che la gente vedeva quando entrava nella prigione. Aveva sempre un gran sorriso per me. Non quella volta. «Signorina Cammie, deve venire via da lì subito.»

Non discussi. Tony mi spiegò che qualcuno aveva chiamato il centralino della prigione. Avevano visto una persona aggirarsi in cima alla torre. Pensavano che fosse un detenuto che cercava di fuggire. Capii perché non mi era permesso uscire sul camminatoio.

Tornai nella Stanza dei Salami. Il fischio del birrificio annunciò la pausa pranzo a tutta la città. Non avevo fame. E anche se ne avessi avuta, non sarei scesa di sotto. Avevo bisogno di stare da sola nell'unico posto al mondo che potessi chiamare "mio". Il mio attico. Dove conservavo i miei sentimenti e i miei ricordi e le mie domande. Dove potevo tranquillamente tirarli fuori dai cassetti e dai bauli e soffiare via la polvere che li ricopriva e rigirarmeli tra le mani. Dove potevo cercare a tastoni, e qualche volta trovare, le delicate frange più esterne della pace.

Perché Eloda Pupko?

Che cos'ha di speciale?

E se un giorno mi sorprendesse chiedendomi: "Okay, chiamami mamma"?

Cosa farei?

Sarei felice?

Io?

Felice?

Reggie... Eloda... mio padre... c'è qualcuno con cui vado d'accordo?

Ah... Boo Boo.

Mi sedetti sul pavimento di pietra, la schiena contro il muro curvo. Tenni la scarpa di mia madre in grembo. Lessi e rilessi la breve lettera ingiallita di Thomas Browne alla *Persona che amo di più*. Chiusi gli occhi e la recitai a memoria come una poesia.

Non permettere che il futuro sia depredato dal passato... i tempi bui sono terminati... devi assolutamente...

Devi assolutamente...

Perché doveva finire in quel punto, lasciandomi da sola con quella mancanza? E se Thomas Browne avesse finito la frase? Cosa avrebbe detto? Non riuscivo a escludere che avrebbe potuto dire qualcosa a me, qualcosa che mi avrebbe resa gloriosamente libera e leggera in cima a una collina, finalmente senza più spine e aculei conficcati nella pelle.

La polvere volteggiava pigramente tra le lame di luce. Attraverso le finestre chiuse, dal basso, arrivava l'eterno ronzio del traffico, un occasionale vocio umano. Oltre... a ovest... sempre là... l'Angolo... l'Angolo.

Mi sdraiai sulla pietra, con una bambola di pezza dai capelli arcobaleno per cuscino. Probabilmente mi addormentai, perché ricordo di aver sognato di una stanza quieta in cui il latte si riversava silenziosamente da una carriola.

CAPITOLO VENTIDUESIMO

Il giorno seguente tutto sembrò tornato alla normalità. Fui svegliata dal profumo del pasticcio di maiale.

Feci la solita colazione. Nell'estate del 1959 era a base di palline di cereali al cioccolato.

Quando finii, Eloda, come sempre, era pronta a farmi la treccia. Chiacchierammo come se in lavanderia non fosse mai successo nulla. La feci perfino ridere quando le chiesi: «Non è ancora pronta per un nastro?». Se aveva sentito la conversazione tra me e Reggie, il giorno prima, non lo diede a vedere.

Scesi in cortile. Mi mescolai alle detenute. Tutte le attenzioni, le carezze, i baci e gli sguardi contenti... mi lasciai inondare, per lavare via i dissapori del giorno precedente. Ero il loro cucciolo antistress. E il premio per una specie di tiro alla fune: Boo Boo mi voleva tutta per sé, e così le altre. Quella volta vinsero le altre.

Mi monopolizzarono finché il fischio del birrificio non le rimandò dentro.

Dopo pranzo me ne andai al cinema. Al Grand davano *L'attacco delle sanguisughe giganti*. Prometteva bene.

E infatti. Delle mostruose sanguisughe trascinavano persone ignare giù nelle loro tane, alla palude, dove succhiavano loro il sangue lentamente. Ero disgustata e affascinata allo stesso tempo. Un film non avrebbe potuto darmi di più.

E poi arrivò la domenica.

CAPITOLO VENTITREESIMO

A parte quando andavamo alla partita dei Phillies, odiavo la domenica.

A casa mia domenica non significava andare a messa. Mio padre aveva abbandonato la chiesa dopo la morte di mia madre, perciò non mi toccava nemmeno il catechismo. Sentii pronunciare il nome di Dio le prime volte nelle imprecazioni per strada o nei vicoli in cui giocavo da bambina. Ricordo vagamente di aver chiesto una volta a una mia compagna di giochi, Regina Shaffer, chi fosse questo tizio chiamato Dio. Non ricordo però la sua risposta.

Negli anni successivi, ricavai la mia opinione su Dio dalla strada e a scuola. Prima di tutto doveva essere un uomo, un pezzo grosso, tipo il Presidente, ma più importante. Dio era come un coach che dirigeva tutto quello che accadeva sulla terra. Ogni volta che mi imbattevo nel suo nome stampato, i pronomi Lui e Suo erano sempre con la maiuscola. Nemmeno a George Washington era riservato un trattamento del genere.

Un'altra cosa della domenica erano gli angeli. Gli angeli dovevano essere in parte umani (ci assomigliavano) e in parte uccelli (con grandi ali bianche). Vivevano con Dio in cielo, oltre le nuvole, in un posto chiamato paradiso. Indossavano camicie da notte bianche, senza scarpe né calzini. Era tutto quello che sapevo degli angeli fino a quel giorno della quarta elementare, quando avevo nove anni.

Se guardi la prigione della contea di Hancock frontalmente, a destra vedrai il municipio, mentre a sinistra c'è la chiesa di St John. Lungo tutto il muro occidentale della prigione, si estendeva il cimitero.

Quando tornavo da scuola lo attraversavo sempre, per prendere una scorciatoia. A volte correvo, zigzagando e schivando le lapidi, fingendo che fossero i difensori in una partita di football americano. Quel particolare giorno di primavera inoltrata, feci una brusca frenata nel bel mezzo di un touchdown. Una lapide nuova aveva attirato la mia attenzione. Al contrario delle altre tombe grigie e consunte, questa era una smagliante placca di marmo bianchissimo, come quello di alcune scalinate in città. Lessi il nome inciso sulla pietra: MARGARET BIRD.

Lessi l'epitaffio. E quando arrivai alle ultime parole…

… IL NOSTRO ANGELO…

… mi si bloccò il respiro. Morte? Angeli? Paradiso? Risposte a domande che non sapevo di voler formulare cominciarono a chiarire il quadro.

Gli angeli erano persone morte.

Che non sono davvero morte.

La luce che si rifletteva sul marmo mi accecava, e mi avvolse in un pensiero sconcertante: *Forse mia madre non ha smesso di esistere all'Angolo.*

Forse.

Oh, che parola meravigliosa!

Mi misi a correre.

Uscii dal cimitero come un razzo, piombai nella Reception. Tony era alla sua scrivania. «Dov'è mio padre?»

«Alle celle» rispose lui.

«Devo vederlo!» Stavo ansimando.

«Non ci metterà molto» disse lui, troppo calmo.

«Tony» strillai. «Devo vederlo *adesso*!»

Sapeva che non avrebbe dovuto farlo, ma io ero la Figlia del Direttore. Sollevò l'interfono della prigione. Un minuto dopo, un'altra guardia stava aprendo la porta. Gli sfrecciai accanto, superai le porte di sicurezza (che lui avrebbe dovuto richiudersi dietro) e arrivai nella zona delle celle.

«Papà! Papà!» Volai oltre una serie di facce a barre con la bocca aperta e raggiunsi mio padre, all'altro capo dell'edificio. «Papà, indovina cosa...» esclamai, ma mi fermai quando lui mi mise un dito sulle labbra. Mi spinse dentro una cella vuota. Mi fece sedere sul letto più basso. Non era contento. Sapevamo entrambi che avevo violato una regola sull'interromperlo al lavoro. «Abbassa la voce» disse. «E adesso dimmi, dov'è l'incendio?»

«Eh?» feci. «Quale incendio?»

«Cos'è che non può aspettare?»

Glielo dissi. Mi uscì fuori come un fiume in piena.

Morte. Angeli. Paradiso. Margaret Bird e le lapidi accecanti. L'irritazione sulla sua faccia si trasformò in un'assenza di espressione che non riuscivo a decifrare. Ma il suo sguardo ce l'avevo addosso. Avevo la sua attenzione. Feci il grande annuncio. «Perciò *forse*» dissi, «adesso lei è in paradiso. Ed è ancora viva. Non credi?»

Per un momento non ebbe alcuna reazione. La guardia, mentre io mi agitavo, era tornata nella tristezza del blocco di celle. Poi mio padre mi sorrise. Non avrei mai immaginato che un sorriso potesse essere tanto triste. Mi toccò. «Certo, Cammie» rispose. Così. Poi fece cenno alla guardia di portarmi fuori.

Certo, Cammie.

Quelle parole mi seguivano mentre la guardia mi guidava fuori dalle celle.

Certo, Cammie.

Non avevo mai sentito il mio nome pronunciato in modo così malinconico. Mio padre era un pessimo attore. Stava mentendo. Con quelle due parole, aveva cacciato dal nido la mia speranza appena dischiusa. Gli angeli non valevano niente per mio padre. Il suo Certo cancellava il mio Forse. Se mio padre non credeva agli angeli, nemmeno io potevo, all'età di nove anni. Alla fine, non avrei incontrato mia madre in paradiso.

CAPITOLO VENTIQUATTRESIMO

E perciò quella domenica di tre anni dopo, mentre gli altri ragazzini andavano in chiesa per entrare in contatto con gli angeli e il paradiso, presi la mia bici e uscii. Avevo bisogno di scaricare la rabbia. Sembrava che trascorressi metà della mia vita arrabbiata con qualcuno. Mio padre. Bambini forniti di mamma. Ragazzi. Amici. Reggie. Eloda. L'autista del furgoncino del latte. Perfino mia madre. Non c'era dubbio che se la domenica fossi andata in chiesa, me la sarei presa con tutti gli ospiti del paradiso. Un barlume di consapevolezza mi sussurrava che la rabbia è un mostro che si divora da solo. Ma a dodici anni, sapevo solo che dovevo uscire dalla città e mettere un po' di distanza tra me e la domenica.

Nonostante l'atteggiamento comprensivo di Eloda, l'adorazione delle donne giù in cortile e il film sulle sanguisughe giganti, mi sentivo ancora a pezzi dopo la carneficina del venerdì. Nel giro di un'ora avevo attaccato sia Eloda sia Reggie. Sommandolo all'afflizione quotidiana del mio caratteraccio che si sorbiva mio padre, avevo aggredito le tre persone più importanti della mia vita.

Pedalai verso ovest attraverso il traffico cittadino... Airy Street diventò Jeffersonville... e poi l'asfalto infinito di Egypt Road... Trooper Road... sul ponte Singing Bridge, con il fiume visibile sotto la grata d'acciaio... e su per le colline della Valley Forge.

Pedalai senza sosta fino in cima alla Valley Forge Mountain, poi girai intorno alla torre di osservazione e ritornai giù. Mi persi tra le colline e i prati sconfinati, percorrendo strade di cui non conoscevo il nome. Sentii il fischio del birrificio, che non andava in vacanza nemmeno la domenica.

Pedalai e pedalai. Una parte di me voleva continuare a farlo fino in California. Ma non potevo. Non potevo mai allontanarmi più di una pedalata dal cardine della mia vita, il seme da cui ero spuntata. L'Angolo, il posto che non potevo né lasciare né visitare. Se avessi avuto una qualche destinazione quel giorno, non saprei dire. Ero spinta solo dal fatto che gli eventi accaduti di recente mi avevano lasciata appesa ai ganci del senso di colpa.

Le indagini sugli incidenti nel 1947 non avevano niente di spettacolare. Tutto quello che si seppe dell'evento fu ricavato dal racconto dell'autista del furgoncino del latte, un uomo di nome Kirby, e da quello di un passante che si trovava a mezzo isolato dal luogo dell'impatto. Le due testimonianze erano identiche. Entrambi dichiararono alla polizia che mentre il furgoncino stava per travolgerla, mia madre spinse il passeggino in mezzo alla strada. Entrambi riferirono che il furgoncino sembrò investirla nell'esatto momento in cui il mio passeggino si scontrava con il marciapiede opposto. E lì si fermò, mentre io prendevo il volo, a sottolineare la forza del gesto di mia madre. Rimasi a terra, completamente illesa, salvata da mia madre in ogni modo possibile – la spinta, la tuta da neve rosa che mi proteggeva dal freddo dell'inverno e dai bruschi atterraggi, e più di tutto l'amore sconfinato che mi allontanò dal suo ultimo momento sulla terra.

Quando fui abbastanza grande per sapere dell'incidente, la faccenda della colpa apparve all'orizzonte. Una tragedia del genere doveva essere colpa di qualcuno, o di qualcosa.

Dovevo darla all'autista?

Fino ad allora il signor Kirby aveva avuto un comportamento impeccabile alla centrale del latte. Non c'era prova che stesse andando troppo veloce o fosse distratto. Non era ubriaco. Guidava verso sud su Cherry Road e aveva girato sulla Oak. A quei tempi non tutti gli incroci avevano gli stop su ogni accesso. Il segnale era sulla Oak, ma non sulla Cherry. Perciò non era colpa sua. Non aveva fatto niente di sbagliato. Il che non gli era di alcun conforto, a quanto pareva. Prima che la giornata finisse, si era licenziato.

Non si poteva dare la colpa al furgoncino. Controllarono i freni, che funzionavano perfettamente.

Mia madre? Era sua la colpa? Certamente no. Come i freni, anche mia madre era perfetta.

E allora Dio? Sembrava possibile, finché quel giorno non esposi la questione a mio padre, nel blocco delle celle. Quando liquidò tutta la faccenda Dio/paradiso/angeli con un'alzata di spalle e quel "Certo, Cammie" per niente sincero, mi aveva privata sia del sollievo sia di un capro espiatorio. Non potevo prendermela con Lui.

Perciò restavo solo io.

Era colpa mia? Mi stavo agitando, piangendo, facendo capricci e distraendo mia madre dal furgoncino in arrivo? O era una forma di distrazione più carina? Stavo facendo qualcosa di adorabile, spingendo mia madre a distogliere lo sguardo dalla strada e a chinarsi su di me per coccolarmi mentre il furgoncino sfrecciava verso di noi? Non lo sapevo. Non lo so nemmeno adesso. Non lo saprò mai.

Quella domenica i furgoncini del latte erano a riposo nei parcheggi mentre io pedalavo fino allo sfinimento sulle colline della Valley Forge. In breve mi ritrovai, stupita e ansimante, giù dal sellino, in equilibrio su un piede. Ero sullo sterrato, nel mezzo di un campo, le ruote della bici affondate nella segale selvatica. Guardai in alto. I falchi mi volavano pigramente intorno come aquiloni con le ali, come angeli neri. Nel mio umore domenicale, immaginai che mi avessero seguita dall'Angolo. Mi fiondai via dal campo.

Le colline si stavano animando di ombre mentre tornavo a valle e mi dirigevo verso Bridgeport, oltre il ponte su Hector Street e di nuovo in città. Mentre aspettavo a un semaforo rosso nella strada principale sentii qualcosa alla mia destra: lo scatto secco del grilletto di una pistola, accompagnato da un «*Pum! Pum! Pum!*». Un bambino, la pelle del colore di una barretta di cioccolato, stava seminando il terrore tra i negozi con una pistola giocattolo. Era da solo, diretto a est. «*Pum! Pum! Pum!*»

Il semaforo diventò verde. Lasciai perdere la direzione di casa e mi misi a seguire il bambino.

CAPITOLO VENTICINQUESIMO

Perché?

Non lo sapevo. E non lo so nemmeno adesso.

Spinsi la bici a mano, tenendomi a distanza. Non lo volevo spaventare. La strada principale era deserta. A quei tempi i negozi erano chiusi la domenica.

Avrà avuto cinque anni. Indossava un cinturone bianco con la fondina che gli arrivava alle ginocchia. File di proiettili rossi erano arrotolate intorno al cinturone. Il cordino rosso delle cartucce sparate fuoriusciva dal caricatore argentato e gli finiva sulle piccole dita.

Mi ritrovai a temere che potesse girarsi, vedermi e spararmi. Ma non lo fece. Era intento a camminare come una furia sulla strada principale. Tabaccheria Philly. Ferramenta Zummo. Sandwich Linfante. La sgangherata esposizione dei grandi magazzini Chatlin. «*Pum! Pum! Pum!*»

Girò a destra sulla Mill. Era diretto a Mogins Dip.

Mogins Dip era il quartiere nero della città. Si estendeva dall'estremità orientale della strada principale fino ai binari della ferrovia che costeggiavano il fiume.

Quando svoltai anch'io all'angolo, lui era già a metà isolato, sparando in giro in quel canyon di abitazioni a due o tre piani con l'ingresso in mattoni rossi. Accostò davanti a una casa dalla porta azzurra. Sparò alla porta per dieci secondi buoni. Poi, soddisfatto, rinfoderò la pistola e salì gli scalini con aria da spaccone. All'improvviso si girò e mi vide, cinque case più giù. Spalancò gli occhi. Afferrò la pistola e mirò in mezzo ai miei occhi. «*Pum! Pum! Pum!*» Attese. Ci misi un attimo a capire quale parte dovessi interpretare. Emisi un gemito di dolore poco convincente. Mi accasciai – spalle, mani, testa – sul manubrio della bici. Morta. Chiusi perfino gli occhi. Sentii la porta azzurra che si apriva e si richiudeva. Quando sbirciai, lui non c'era più.

CAPITOLO VENTISEIESIMO

I due giorni seguenti trascorsero come al solito. Andavo nel cortile delle detenute ogni mattina, alle dieci in punto.

Ora che avevo la chiave e potevo mescolarmi a loro, presi ancora più seriamente il ruolo di capo che mi ero assegnata. Nei miei momenti di massima esaltazione immaginavo che l'unico ostacolo a frapporsi tra mio padre e una leggendaria rivolta nella prigione fossi proprio io. In segreto mi reputavo un "cucciolo portatore di armonia".

Ah! Altro che armonia, quando aprivo il cancello la mattina venivo assalita. Era il mio primo assaggio di popolarità. Mi tempestavano di domande. «Che scarpe vanno di moda adesso?», «Cosa è successo nella puntata di "I love Lucy" questa settimana?», «Raccontaci di Marvin Edward Baker!».

Un giorno mi venne voglia di portarmi dietro il mio

hula-hoop. Si scatenarono. Facevano a gara per usarlo. Alla fine delle due ore di tempo libero in cortile non ebbi cuore di riprendermelo. Lo lasciai lì, un giocattolo giallo sulla terra grigia.

Cercavo di dare attenzioni a tutte. Passeggiavo con la mia corte al seguito. Salutavo quelle più timide e quelle più scontrose. Mi fermavo accanto a Deena, che si abbronzava sull'asciugamano, e chiacchieravo per un momento con i suoi occhialini di plastica neri, attenta a non farle ombra. Facevo due tiri al volano con Helen e Tessa. Facevo tutto quello che la Stanza della Quiete non era in grado di fare.

Probabilmente tornavo a casa ogni giorno impregnata di fumo di sigaretta. Non c'era pericolo che fumassi, però. Boo Boo aveva avvisato tutte: «Non fatevi beccare a offrire sigarette a questa ragazzina». E nessuno lo fece.

A Boo Boo sarebbe piaciuto avermi tutta per sé, ma anche lei arrivava a capire che ci sarebbe stato un ammutinamento, se ci avesse provato. Perciò facemmo un patto: almeno quindici minuti del mio tempo in cortile erano suoi. Lo chiamava il "Momento Boo Boo". Ai detenuti non era permesso avere degli orologi, perciò non ho mai capito come facesse a indovinare ogni giorno quando scoccavano le 11:45. Gettava via la sigaretta e mi portava nella Stanza della Quiete tenendomi per mano. Ci sedevamo sulla panchina di pietra, e le sue unghie rosse svolazzavano qua e là, e le parole sgorgavano ininterrottamente fuori dalla sua bocca in mezzo al suo profumo di fragola.

Parlava di ieri e di domani, mai di oggi. Era nata nel

Mississippi, mi disse, settima figlia di un coltivatore di cotone. Era arrivata a Two Mills quando aveva dieci anni. Aveva lavorato come ballerina, segretaria, parrucchiera, cameriera in un drive-in.

«Da Shakey?» chiesi, pensando al drive-in in città. «Sui pattini a rotelle? Tu?»

Mi diede un pizzicotto. «Puoi crederci.» Sapeva che stavo cercando di immaginarmi la sua immensa mole in equilibrio sui pattini a rotelle. Rise. «Ragazzina, pesavo molto meno a quei tempi!»

Ero incantata. La sua vita prima della prigione era stata così piena che mi stupì che avesse trovato il tempo per dedicarsi al furto.

Detestavo il fischio del birrificio. Quando rientrava, mi puntava sempre contro un dito smaltato di rosso e diceva: «Il giorno che esco da qui, cosa ti porterò?». E io rispondevo, pronta: «Una torta di patate dolci!».

Era giovedì pomeriggio della stessa settimana e io stavo salendo le scale per rientrare a casa quando sentii bussare alla porta e una voce familiare dire: «Cammie! Apri!».

Sorrisi. Reggie era tornata.

Avevo rimesso il 45 giri a posto nella sua borsa di tela di "Bandstand". Mi era venuto in mente di pedalare fino a casa sua e di lasciargliela sui gradini. Ma poi avevo pensato: *Spinta o non spinta, anche se adesso mi odia, non può vivere senza i suoi dischi. Verrà sicuramente a riprenderseli.*

Feci un respiro profondo e aprii la porta. Non trovai quello che mi aspettavo.

Sì, vidi la faccia di Reggie, splendida come sempre con quei grandi occhi – senza traccia di risentimento per la spinta – ma c'erano anche altre facce che gridavano: «Ciao, Cammie!».

Compagne di classe. Eravamo abbastanza in amicizia, ma le consideravo più amiche di Reggie che mie. Sorrisi a un pensiero divertente: forse Reggie era venuta in compagnia per sentirsi più sicura.

Sciamarono dentro l'appartamento. Avevo avuto altri amici oltre a Reggie, ma mai così tanti tutti insieme. Praticamente mi travolsero e nel giro di un secondo stavano ficcanasando in tutte le stanze.

«Dove sono?» chiese Glenda Schmoyer.

«Qui! Qui! Guardate! Nel cortile!» strillò Gussie Kornichek dalla cucina.

Rosanna Scotti venne a un centimetro dalla mia faccia, emozionata: «Quando possiamo farlo?».

«Eh?» risposi. «Farlo cosa?»

«Il tour!»

Guardai Reggie.

Lei sfoderò il suo sorriso perlato. «Ho detto che ci avresti accompagnato in un tour della prigione.»

«E che forse riusciremo perfino a vedere Marvin Edward Baker!» aggiunse Rosanna Scotti. A quel punto le avevo tutte intorno, ad ansimare punti esclamativi. Temetti che due di loro potessero sentirsi male per l'emozione.

«Non c'è nessun tour» dissi. «Non si fanno giri turistici nelle prigioni. Non è mica un museo.» Mi rivolsi a Reggie. «Perché gli hai detto una cosa del genere?»

Reggie fece un gesto di sufficienza. «Sei la figlia del

direttore della prigione. Hai una certa libertà qui. Mi hai portato giù in cortile.»

E il coro ricominciò:

«Ha incontrato le prigioniere!»

«Ha parlato con Boo Boo!»

«Boo Boo le ha dato una sigaretta!»

«Vogliamo vedere Boo Boo!»

Scoccai un'occhiataccia a Reggie. «Boo Boo non le ha affatto dato una sigaretta. E quello non era un tour. Eravamo al di qua del recinto.» Decisi di non rivelare mai a Reggie che ora avevo accesso al cortile e potevo passare del tempo con le ragazze.

Donna Holloway sembrava sul punto di piangere. «Nemmeno un giro piccolo piccolo?»

«Minuscolo?» cinguettò Gussie Kornichek.

«Mi dispiace» risposi. «Non sono io che faccio le regole.»

«Non possiamo vedere solo un prigioniero?» implorò Rosanna Scotti. «Che male c'è?»

«Sì» intervenne un'altra. «Facci vedere solo Marvin Edward Baker.»

«Solo un'occhiatina!»

«Marvin Edward Baker!» cantilenò Donna Holloway.

Ed eccole che intonavano tutte insieme: «Marvin! Edward! Baker! Marvin! Edward! Baker!».

Dovetti ingoiare un sorriso. Era una scena patetica e divertente allo stesso tempo. Cercai di sembrare rammaricata. «Mi dispiace davvero. È in isolamento. Solo la guardia e mio padre possono vederlo.»

Eppure desideravo dar loro qualcosa. Ma cosa?

«Okay...» dissi. «Forse, se riesco a trovare la chiave

del cancello... posso farvi entrare nel cortile per un minuto. Solo perché adesso è vuoto.» Fu come se avessi annunciato una giornata di neve. «Un minuto!» gridai al di sopra delle acclamazioni.

Fu allora che Eloda commise un errore. Fino a quel momento non c'era stata traccia di lei. Doveva essersi rifugiata in una stanza da letto quando era cominciato l'assalto. Adesso invece era visibile mentre attraversava la sala da pranzo e andava in cucina. Restò visibile per non più di tre secondi, ma fu più che sufficiente. Le ragazze non erano stupide. Sapevano – o pensavo che sapessero – cosa fosse una persona con un abito di jeans in una prigione. I sussurri mi piovvero addosso:

«E quella chi è?»

«Una prigioniera!»

«Che cosa ci fa qui?»

«Sta cercando di scappare?»

Le misi a tacere. «Piantatela. È una detenuta fidata. Ci dà una mano in casa.»

Le parole di Rosanna Scotti uscirono in tono sbalordito: «Avete una *cameriera*?».

«Una detenuta fidata» ripetei. Indicai il pavimento: «Restate ferme qui». E le lasciai in salotto. Fui sorpresa che Reggie non avesse spifferato della terza persona nel nostro appartamento.

Eloda era in cucina, intenta a prepararmi il pranzo. Le bussai sulla spalla e sussurrai: «Lascia stare. Se non vuoi che ti mettano in croce, dileguati».

Non ci fu bisogno di ripeterglielo.

La chiave si trovava sempre nell'ultimo cassetto,

insieme ai canovacci. Inscenai una ricerca rumorosa sbattendo cassetti e sportelli. Dopo un minuto gridai: «Okay, le ho trovate!».

Arrivarono di corsa.

«Va bene» dissi. «Non avrei il permesso ma...» Aprii la porta della cucina e mi girai verso di loro. «Non fate rumore. Non fiatate, altrimenti...»

Il gruppo emise un gridolino ridacchiante: «... Ci sbatterai in cella!».

Mi lasciai andare e risi con loro. Aspettai che tornasse il silenzio. Le condussi giù per le scale e attraverso il nostro triste giardinetto polveroso. Un dente di leone solitario, che era stato un festoso fiore giallo all'inizio delle vacanze, adesso era un grigio batuffolo impolverato. Aprii il cancello e di nuovo mi girai. «Restate là.»

Un passo, e fui in cortile. Gridai: «Jim! Le faccio entrare solo cinque minuti!».

Lui alzò il pollice dalla cima della torretta.

Dietro di me Reggie sussurrò: «È la guardia. Spara a chiunque cerchi di scappare».

Le lanciai un'occhiataccia e feci un cenno alle altre di seguirmi. Entrarono in fila, in un silenzio intimidito. All'inizio rimasero lì, al di là del cancello, a bocca aperta. Non si stavano solo divertendo, erano incantate. Le detenute non erano nemmeno necessarie. A loro bastava stare sullo stesso terreno che ogni giorno veniva calpestato dalle prigioniere. Gli stavo regalando un'esperienza memorabile. Mi congratulai con me stessa.

Cominciarono a perlustrare il cortile, dapprima incerte e poi sempre più spavalde. Toccavano i muri di protezione, le pietre. Donna Holloway prese una manciata di terra. Mi guardò. Non le dissi di no. Se la mise nella tasca dei jeans.

Sicuramente si accorsero delle cicche di sigaretta fin dall'inizio. Era impossibile non vederle. Erano sparse ovunque. Era compito di una detenuta spazzarle via due volte a settimana. Dopo un po' sentii una voce che mi chiamava in un sussurro: «Cammie!». Rosanna Scotti era al centro del cortile e teneva in mano una cicca lunga due centimetri. Fece il gesto di infilarsela in tasca. "Okay?" fece con la bocca. Annuii. Ed eccole tutte a scorrazzare in giro, da una cicca all'altra, prendendole e ficcandosele in tasca con gridolini soffocati come bambini a una caccia alle uova pasquali.

Erano passati cinque minuti abbondanti quando battei le mani una volta. Arrivarono di corsa. Le riportai indietro oltre il cancello. «Grazie, Jim!» gridai.

Si fermarono in cucina ad aspettarmi, tutte vicine. Gussie Kornichek esclamò: «Cammie! Abbiamo un nome!».

«Eh?» feci.

Lei saltellò, stringendo i pugni. «Le Galeotte! Siamo le Galeotte!»

Cinque facce felici, emozionatissime per quella loro uscita. Che potevo dire? «Carino.»

Gussie tese le mani. Le altre ci misero sopra le loro, come una squadra prima di una partita. Le mie furono le ultime. «Uno… due… tre!» fece Gussie.

E un coro di voci stridule echeggiò per l'appartamento: «Galeotte!».

CAPITOLO VENTISETTESIMO

Quel pomeriggio ci fu una di quelle maratone di chiacchiere e risate che solo le ragazze riescono a sostenere. Ogni istante, ogni gesto della Gita in Cortile, come l'avevamo ribattezzata, fu ridiscussa. Ridemmo e strillammo e andammo in giro a fare compere e a mangiare e a ballare per tutta la strada principale. E ritorno. Due volte. Le mie amiche si misero a contare e a paragonare le cicche di sigarette. Gussie Kornichek ne aveva di più – diciassette! Misero le cicche tutte in fila sul bancone del ristorante da Woolworth's, e per questo ci sbatterono fuori.

Le domande sulla prigione si susseguivano ininterrotte. Mi fu chiesto almeno una decina di volte: «Com'è?». Davo le mie risposte a un pubblico adorante che qualsiasi insegnante mi avrebbe invidiato. Era diversa dalla popolarità di cui godevo con le detenute in cortile. Lì non c'erano muri. Eravamo all'aperto. Avrebbero potuto rivolgere la loro attenzione ovunque, e invece era tutta su di me.

E poi c'era la radiolina portatile.

Dal momento in cui erano entrate a casa mia, l'avevo notata in mano a Reggie. Era rettangolare, di plastica rosa, non molto più grande di un mazzo di carte. Avevo sentito Reggie decantare questo nuovo tipo di radio. Il transistor, diceva lei. «La puoi tenere in una mano! Non ha bisogno della presa! Puoi ascoltare la musica *ovunque*!»

E facemmo proprio questo, tutto il giorno. Ballammo su e giù per la strada principale al ritmo delle canzoni che venivano trasmesse dalla piccola radio rosa – *Dream Lover* e *So Fine* e *Kissin' Time*. Reggie andava pazza per quel transistor! Non lo mollò mai. Adesso capivo perché non fosse tornata subito a riprendersi la sua borsa con i dischi.

Ovviamente anche la parola "Bandstand" fu pronunciata circa un milione di volte. Le domande fioccavano: «Come ti vestirai?», «Quanti anni dirai di avere?», «Ballerai insieme a Tommy D?».

Avremmo tutte celebrato il Bandstand Day, come era stato battezzato, il venerdì della settimana successiva.

Ballammo lungo il ponte di Stony Creek e per Marshall Street fino al quartiere commerciale nel West End. Non potevi andare da quelle parti senza passare da Scooper Dooper. Prendemmo tutte un doppio cono ricoperto. Faceva caldo, eravamo quasi a luglio, perciò dovevamo leccare in fretta per non far sciogliere il gelato sulle mani invece che nei nostri stomaci. Pensai a Boo Boo che ingrassava a forza di banana split.

Mentre eravamo in fila per le ordinazioni, presi Reggie da parte e le dissi quello che avevo bloccato in gola da una settimana: «Mi dispiace di averti spinto».

Lei mi guardò stupita e disse: «Che?».

Tutto qua. La parola "Che?" e quello sguardo sulla sua faccia, e fui sicura che ci era già passata sopra. Reggie, cominciavo a imparare, viaggiava leggera. Non si portava dietro rancori.

Certo, nessuno avrebbe *mai* riconosciuto in me la capacità di passare sopra qualcosa. Ricordandomi quello che avevo visto dalla Stanza dei Salami quel giorno, mentre passava davanti al tribunale, le chiesi: «Hai iniziato a fumare?».

Quella volta non ci fu nessuno sguardo stupito, nessun "Che?". Solo uno dei suoi sorrisi da mille watt, solo un dito alzato che segnalava il nostro inno nazionale privato e lei che cantava: «Perciò, ragazza...», aspettando che puntassi anch'io il dito, e poi proprio là, nella gelateria, gridammo in coro: «... farai meglio a tenere la bocca chiusa!».

La radiolina rosa stava trasmettendo *Tears on My Pillow* quando ci separammo per tornare a casa. Fui inondata da un'ultima raffica di attenzioni. Sembrava che non avessero voglia di separarsi da me. Glenda Schmoyer esitò, poi quasi mi atterrò con un abbraccio, e corse via.

Vivevano tutte lì nel West End. Solo a me toccò una lunga camminata fino a casa. Mentre ripercorrevo Marshall Street, ero raggiante per la meraviglia di quell'inedita popolarità di cui pensavo non mi importasse nulla.

Quando raggiunsi il cinema, l'euforia si stava esaurendo. Succedeva sempre. Non c'era fuoco d'artificio che non riuscissi a smorzare, o dolcezza che non potessi inasprire. Una domanda incombeva su di me, grossa come l'insegna del cinema: "Piaccio a queste ragazze solo perché vivo in una prigione?".

Non mi veniva nient'altro che potesse farmi meritare il loro affetto. Sapevo essere permalosa. Ero una ragazzina scontrosa. Giorno dopo giorno, ero più gentile con le detenute di quanto non fossi con i ragazzi che conoscevo.

Piaccio a queste ragazze solo perché vivo in una prigione?

Quando arrivai a casa, ormai ero convinta della risposta: sì.

CAPITOLO VENTOTTESIMO

La mia missione per reclutare Eloda Pupko come mamma sostituta era a un punto morto. Il tocco sulla mia guancia. La treccia quotidiana. Erano carini. Gesti gentili. Mi facevano sentire bene – ma solo per poco. Volevo di più. Volevo che lei mi desiderasse come io desideravo lei. Volevo che mi sommergesse di attenzioni costanti e dicesse: "Reggie si sbagliava. Tu sei più di un lavoro per me. Sei la mia bambina".

Provai una nuova strategia. La ricavai proprio dal sistema carcerario: tieni un detenuto impegnato con un lavoro rispettabile (fare tappeti) e forse diventerà un cittadino rispettabile. In altre parole, interpreta un ruolo abbastanza a lungo e diventerà più di un ruolo – diventerà *te*.

Perciò mi chiesi: cosa fanno le mamme? Ti confortano. Risolvono i tuoi problemi. Ti rimproverano. Ti aiutano. Ti dicono cosa fare e dove andare e come arrivarci e cosa fare una volta che sei là. Ti puniscono. Ti sostengono. Ti dicono che sei fantastico anche quando puzzi. Si preoccupano per te. Ti amano. Ti salvano.

Roba da mamme.

Avevo bisogno di tirar fuori da lei altre cose da mamma. Spingerla con l'astuzia a recitare quel ruolo.

Avevo un'idea. Appena la vidi, finsi di piangere. Lei smise di spolverare. «Ti sei fatta male?»

«Sì» risposi, tirando su con il naso.

«Dove?»

Dove? Non ci avevo pensato. Indicai il ginocchio. Lei tirò su la gamba del pantalone. Il ginocchio non era tagliato né ferito né bruciato. Mi piegò la gamba un paio di volte. «È a posto» concluse, e tornò a spolverare.

La volta successiva fui più preparata. Mi venne in mente mentre mi faceva le trecce. Più tardi quella mattina, quando andai a far visita alle detenute in cortile, raccolsi due cicche di sigaretta. Quella sera prima di andare a letto ne misi una nel cestino della carta. La sistemai in modo che non potesse non vederla. Misi l'altra cicca sotto il mio letto.

Ogni mattina Eloda mi rifaceva il letto e svuotava il cestino. Una volta a settimana puliva la mia stanza – ufficialmente. Non ufficialmente, non faceva altro che pulire e riordinare. Era praticamente metà del suo lavoro, perché probabilmente ero la ragazzina più sciatta di tutta Two Mills.

Appoggiai la testa sul cuscino quella sera quasi troppo eccitata per dormire. Continuavo a immaginarmi la conversazione del giorno dopo, mentre mi faceva le trecce:

ELODA: Miss Cammie?
IO: Sì, Eloda? E chiamami Cammie, senza miss.
ELODA: Stamattina ho pulito la tua stanza.
IO: Sì?
ELODA: E ho trovato qualcosa. Due qualcosa, per l'esattezza.
IO: Oh, davvero?
ELODA: Non c'è niente che mi devi dire?
IO: Non mi sembra, Eloda. Cosa vuoi che ti dica?
ELODA: Te lo chiedo solo perché...
IO: Sì?
ELODA: È difficile per me. Non sono affari miei.
IO (pensando): Oh, Eloda, sì, sì, sono affari tuoi. (Dicendo): Puoi chiedermi qualunque cosa, Eloda.
ELODA: Be'... allora... hai per caso... insomma... hai fumato?
IO: Sì.
ELODA: Be', quindi...
IO: Sì, Eloda, dimmi.
ELODA: Non mi sento a mio agio a farti l'interrogatorio. Solo che...
IO: Sì?
ELODA: Ci tengo a te. Lo so che non te lo dimostro, ma ci tengo davvero. Sei più di un lavoro per me.
IO: Grazie, Eloda. Anche tu sei più di una detenuta di fiducia per me.

A quel punto mi avrebbe elencato i danni del fumo, mi avrebbe detto che ero troppo piccola per fumare, che forse Reggie aveva una cattiva influenza su di me, e così via.

Immaginai diverse versioni del copione nella mia testa. Avevano tutte lo stesso finale:

ELODA: Voglio che tu smetta.
IO: Okay.
ELODA: Subito.
IO: Okay.
ELODA: E se ti becco di nuovo a fumare…
IO: Sì?
ELODA: … se ti becco ancora a fumare…
IO: Sì?
ELODA: Ti metterò in punizione.
IO: Sissignora.
ELODA: Hai capito bene?
IO: Sissignora.
ELODA: Mi hai sentito, signorina?
IO: Sissignora, ho sentito.
ELODA: Guardami. Guardami in faccia. Obbedirai?
IO: Sissignora.

E si spalancano molte porte sugli scenari del mio futuro. Vedo Eloda rilasciata. Vedo noi due che facciamo compere sulla strada principale. La costringo a fermarsi da Charming. "Voglio quello" le dico.

"No" risponde lei.

"Ma lo voglio!" protesto. Imploro e assillo. E sono felice. Perché è quello che desidero davvero, non la cosa nella vetrina, ma una mamma vera e viva da implorare e assillare come fanno tutti gli altri ragazzini.

Oh, quanto volevo che quella fantasia si avverasse.

Dormii a malapena. La mattina saltai fuori dal letto. Mi costrinsi a mangiare i cereali al cioccolato lentamente, per darle tutto il tempo di scoprire le cicche nella mia stanza. Dopo colazione, come sempre, rimasi sullo sgabello al bancone. Come sempre, alla fine misi giù il cucchiaio e lei apparve con il pettine e l'elastico in mano. Prese posto dietro di me. Cominciò a pettinarmi. Cercai di percepire irritazione o delusione nel suo tocco. Stava tirando i miei capelli più bruscamente del solito? Ero così nervosa che quasi non respiravo. C'era ancora un solo intreccio da fare, perciò finì tutto in fretta. Legò la treccia con l'elastico. «Okay» disse, tirando un po' la treccina per segnalarmi che aveva finito. Quell'okay fu l'unica parola che disse.

Mi sentivo le gambe molli come spaghetti mentre tornavo nella mia stanza. Guardai nel cestino. La cicca era sparita! E anche quella sotto il letto.

Le aveva trovate. Sapeva.

E non aveva detto niente?

Certo! Che stupida ero! Perché pensavo che avrebbe reagito subito? Aveva bisogno di tempo per decidere come gestire la situazione. Non era una cosa da domestica. Non si trattava di lavoro. Era una questione personale.

Dovevo renderglie la più facile. Dovevo rendermi il più avvicinabile possibile. Dovevo stare lì in giro, essere visibile e amichevole. Rinunciai alla mia visita alle detenute. Cercai di spingerla a chiacchierare, di animarla un po'. In fondo era una persona taciturna, forse perfino distaccata.

Le feci delle domande mentre lavorava. Mi rispose a monosillabi.

Passò l'ora di pranzo. Ancora nessun cenno alla questione sigarette.

Inventai delle scuse per seguirla da una stanza all'altra. Dissi il suo nome un sacco di volte. «Eloda, cosa ne pensi di...?», «Eloda, hai mai...?» Lo avevo imparato da mio padre. Quando gli investigatori interrogavano un sospettato, ripetevano il suo nome spesso. Serviva a metterlo a suo agio.

Non funzionò. Non arrivò nessun rimprovero. Tutto quel mio blaterare ottenne solo che lei si mettesse a passare l'aspirapolvere in modo da non dovermi più sentire.

Ero stufa. Che cosa doveva fare una ragazzina, da quelle parti, per beccarsi una punizione? Uscii di casa come una furia e scesi giù alla Reception, sputai nella sputacchiera, afferrai la bici e piombai sul marciapiede. Andai dal tizio delle caramelle al mercato. Mi riempii la bocca di barrette al cioccolato mentre pedalavo.

A un certo punto, quando masticare e pedalare dissiparono la mia frustrazione, mi tornò in mente una cosa che avevo visto quando avevo dato un'occhiata al Foglio d'Entrata di Eloda Pupko. Alla voce "famiglia" c'era una sola parola: sorella.

CAPITOLO VENTINOVESIMO

C'era una cabina telefonica da Hector&Marshall. Sfogliai l'elenco con i numeri. Ovviamente c'era solo un utente con il cognome "Pupko". Abitava al numero 428 di Swede Street. In bici ci volevano tre minuti.

Accostai di fronte alla casa. Era una villetta bifamiliare. Portico davanti. Grigia. Uno stretto giardino laterale con un recinto in ferro battuto. Le finestre avevano le veneziane. Ed erano chiuse.

Anche se mi ero appoggiata sul cofano caldo di una macchina parcheggiata, barcollavo davanti alla mia decisione. Passarono diversi minuti senza che apparisse qualcuno dall'aria di sorella, capelli arancioni o meno. Mi ero immaginata mentre bussavo forte alla porta, che poi si apriva e io che dicevo... cosa, esattamente?

Salve, sono la figlia del direttore della prigione e Eloda Pupko pulisce la nostra casa e quindi volevo sapere quale crimine ha commesso.

E perché non le importa delle cicche di sigaretta che ha trovato nella mia stanza.

E se è davvero scontrosa come sembra.

E se lo è sempre stata.

La veneziana chiusa di una finestra al secondo piano si aprì di scatto come una palpebra sbalordita. Il mio coraggio evaporò. Me la svignai.

Pedalai in giro per la città. Pensavo di vagare a caso ma la mia bici la sapeva lunga. Mi stava riportando, una svolta dopo l'altra, a Mogins Dip. Mill Street. Da quella domenica non avevo smesso di pensare al bambino che mi aveva sparato.

Mi fermai in cima alla collina. Da lì si vedeva la porta azzurra, a metà strada sulla sinistra. Scesi giù per il canyon di case di mattoni. Le auto erano parcheggiate su entrambi i lati. Non c'erano garage, né vialetti, né giardini da quelle parti.

Alcuni ragazzini stavano giocando e se la ridevano. Campana. Salto della corda. All'improvviso qualcosa mi colpì – o meglio, colpì i raggi della mia bicicletta. Guardai in basso e vidi un torsolo di mela che giaceva sul terreno.

«Centro!» Una vocetta arrivò da non so dove. E poi il piccolo pistolero scuro spuntò fuori tra due macchine, caricando la sua pistola per spararmi. «*Pum! Pum! Pum!*»

Nonostante fossi contenta di vederlo, Cammie il Tornado era troppo irruente per metabolizzare con grazia un attacco alla propria bici – da parte di chiunque. Il mio temperamento bellicoso stava per scattare, quando lui rinfoderò la pistola e gridò: «Fammi fare un giro!».

Non lo stava chiedendo.

Aveva le labbra strette mentre provava a staccare le mie dita dal manubrio. Dovette usare entrambe le mani solo per riuscire a sollevarmi l'indice. Mollai la presa. Lui cercò di montare in sella davanti a me, ma era troppo basso. Lo sollevai, avvolgendogli praticamente tutto il corpo. Gli sentivo le costole. Lo feci sedere sulla barra della mia bici da maschio. Le sue gambe penzolavano tra la barra e la mia gamba.

Lanciò un pugno verso il cielo. «Vai!»

Da qualche parte in fondo al mio cuore spuntò una vocina che sussurrò: *Non è una buona idea*. Ma non aveva speranze, visto che il ragazzino ripeté: «Vai!».

E partimmo.

Avrebbe subito voluto prendere il controllo. Strinse le mani intorno al manubrio e si chinò così tanto in avanti che aveva la faccia praticamente sopra la ruota anteriore. «*Bruuummm*» continuava a dire. «Più veloce... più veloce!» Cercava di toccare la ruota e dovetti impedirglielo. Fu facile, era così piccolo.

«Gira qui!» gridò mentre ci avvicinavamo a Washington Street. Girai. A metà isolato, esclamò: «Ferma! Ferma!». Mi fermai davanti a un'altra fila di case di mattoni. Si mise le mani a coppa intorno alla bocca e gridò: «Ehi, Herbie!». In due secondi uscì un altro esserino scuro. «Herbie, guardami!» Herbie stava appena realizzando cosa doveva guardare, quando il mio passeggero mi schiaffeggiò due volte sulla coscia, come se fossi un cavallo. «Vai! Vai!» Ripartii. «Stiamo andando al parco!» gridò lui. «A Monkey Hill!» E lasciò Herbie a rosolare nei verdi fumi dell'invidia.

Quando girai alla fine dell'isolato gli dissi: «Non andiamo a Monkey Hill». Cominciavo a realizzare che avevo un bambino vero seduto sulla barra della bici. Avrei fatto meglio a comportarmi di conseguenza.

«Allora vai in centro!» gridò.

«No» risposi. «Troppo trafficato.»

«Al fiume!»

Scendemmo lungo il fiume. Non pioveva da un mese e il corso d'acqua cominciava a mostrare le sue ossa – tronchi d'albero e rocce di solito sommersi. Mi accostai. Gli insegnai qualche giochetto da fare sulla riva. Come sollevare delle pietre dal fango per scoprire pallidi e veloci gamberetti. Quali pietre erano buone per trovarci delle salamandre sotto. Come tirare i ciottoli piatti sulla superficie dell'acqua.

Quando un pesce luna morto arrivò galleggiando, dovetti impedirgli di tuffarsi per andarlo a prendere. Facemmo una gara. Chi riusciva a lanciare un ciottolo più lontano? Lo lasciai vincere.

Pedalammo un altro po' lungo il fiume fino a Conshohocken, l'acciaieria. A quei tempi era un posto molto movimentato. Motori diesel roboanti. Camion. Fumo. Fuoco. Una fila infinita di vagoncini di carbone. Lui si calmò. Osservava meravigliato una ciminiera nuova di zecca che torreggiava su di noi come una montagna squadrata color argilla.

La mia attenzione era invece attirata dalla piccola testa con le orecchie a sventola davanti a me.

E poi mi regalò un momento che ancora conservo nella memoria come un piccolo tesoro. Mollò il manubrio, alzò le braccia nella brezza e si appoggiò a me con la schiena. Sentii la sua testa contro il petto e il mio cuore si rallegrò. Cercai di pedalare il più liscio possibile per non rovinare il momento, ma lui agitò le braccia un paio di volte e poi tornò ad attaccarsi al manubrio.

Solo allora mi venne in mente di chiedergli: «Come ti chiami?».

Rispose in automatico: «Andrew».

Andrew.

Una mamma lo aveva chiamato Andrew.

Lui non chiese il mio nome.

Tornammo in città.

Eravamo su un tratto di strada pieno di erbacce quando gridò: «Ferma!». Frenai di scatto, pensando che si fosse fatto male. Prima che potessi fermarlo era saltato giù dalla barra e aveva attraversato la strada. Raccolse qualcosa dalla polvere. Era una bottiglia di vetro vuota. A quei tempi i ragazzini si guadagnavano qualche soldo per le caramelle portando le bottiglie vuote nei negozi, per recuperare il deposito di due centesimi l'una. *Piccolo imprenditore,* pensai mentre si arrampicava di nuovo a bordo. Più in là, la strada si inabissava sotto il ponte della ferrovia. Senza preavviso lui si mise a gridare: «Whaooo!», e lanciò la bottiglia in aria. Si fracassò appena dietro di noi, contro il cemento del sottopassaggio.

Mi accostai, frenando, e guardai indietro. Le ombre del sottopassaggio erano punteggiate di vetro. Stava già arrivando una macchina. Lo afferrai. Le mie dita si strinsero sul suo minuscolo avambraccio. Lo scossi ed esclamai: «Non lo fare mai più! Sei impazzito? Non ci riprovare!».

Solo quando vidi il suo sguardo terrorizzato capii

come dovevo apparirgli. Probabilmente scambiai la sua paralisi per ostinazione. Lo scossi di nuovo. «Mi hai sentito?»

Emise un pigolio che doveva significare sì.

Presi il suo mento con la mano, come avrei fatto con una palla da baseball. «Mi-hai-sentito?»

La sua faccia crollò e all'improvviso singhiozzava sul mio petto. «Scusa… non lo faccio più… non lo faccio più…»

Lo lasciai piangere mentre lo riportavo verso la porta azzurra. Inspirai a fondo. Stava piangendo in tono più sommesso adesso, le piccole braccia avvinghiate intorno a me. Lo scostai con gentilezza. «Dai, su» gli dissi. «È passata.» Gli asciugai le lacrime con un lembo della mia maglietta. «A posto?»

Lui annuì. Mi guardò con occhi che non avevo mai visto prima, che avevo pensato potessero vedere solo le madri.

«Okay, allora…» dissi, guardando la strada. «Che ne dici di una granita da Marcy's?»

Lui lanciò le braccia al cielo, immediatamente allegro. «Sì! Marcy's!»

«Okay, allora girati e reggiti forte.»

Lui obbedì contento e andammo in città al ritmo del suo canto: «Marcy's… Marcy's…».

Marcy's era il posto che vendeva la granita più buona del mondo. Era così artigianale che quella al limone non solo aveva la polpa dentro ma ogni tanto capitava anche qualche seme. Andrew prese quella alla ciliegia. Grande, ovviamente. Gliela offrii, e ne presi una media al limone per me. Non avrei guidato con una mano sola con lui sulla barra, perciò ci sedemmo sul bordo del marciapiede davanti alla chiesa. Andrew finì la sua granita grande prima che io fossi a metà della mia. Crescendo, avrebbe imparato la finezza di una granita di Marcy's, e cioè l'arte di assaporarla.

Rimontammo in sella. Girai su Mill Street. Giù in fondo alla collina spiccava la casa con la porta azzurra. C'era una donna seduta sugli scalini. Balzò in piedi di scatto quando ci vide. E il sogno finì.

Scesi giù per la collina mentre lei aspettava sul ciglio della strada. Indossava un grembiule a quadretti sopra un vestito giallo chiaro. Aveva i capelli coperti da un foulard giallo limone, e le braccia incrociate. Non era contenta.

Andrew la chiamò: «Mamma! Guardami!». L'espressione di sua madre non cambiò.

Mi accostai e mi fermai. L'occhiataccia della donna fulminò sia me sia Andrew. Lui non parve notarlo. «Mamma, siamo andati in bicicletta!» esclamò. «Fino al fiume! Ho vinto! Abbiamo mangiato la granita! Una grande!»

«Scendi immediatamente» disse lei. Lo aiutai a smontare dalla bici. Lui corse dalla mamma, le abbracciò le gambe e nascose la faccia nel suo grembiule.

Ma gli occhi di lei erano su di me. «Che stai combinando?» chiese.

Cosa potevo rispondere? Rimasi lì su una gamba e due ruote di bicicletta, a fissarla e basta. Non perché non avessi delle risposte, ma perché ce n'erano troppe.

«Che cosa combini con mio figlio?»

«Voleva fare un giro» risposi, stupidamente.

«È solo un bambino.»

Andrew le tirò il grembiule. «Non è vero! Ho cinque anni e mezzo.»

«Chi sei?» mi chiese.

Chi sei?

Probabilmente era la prima volta che qualcuno mi faceva quella domanda. Di solito tutti a Two Mills sapevano chi fossi. Se non il mio nome, i miei marchi. La Ragazzina Che Vive Nella Prigione. La Bambina Che È Sopravvissuta All'Incidente Che Ha Ucciso Sua Madre. La Mocciosa Più Insolente Della Città. Il Maschiaccio. Il Tornado.

«Come ti chiami?» incalzò lei.

Oh-oh. Dovevo dirle il mio vero nome e rivelarle che ero la ragazzina più famosa della prigione della contea?

Risposi: «Claire».

«Claire come?»

«Claire... Jones.»

«Dove vivi?»

«In Airy Street, signora.»

Si avvicinò al punto che diventò l'unica cosa nel mio campo visivo. «Non puoi semplicemente venire qui...» stava cercando di controllarsi; pensai che avrebbe anche potuto colpirmi «... e prenderti *mio* figlio.» Le sue labbra si strinsero in un'unica linea severa. Sbuffi arrabbiati le uscivano dal naso. «Ti conosce?» Il suo sguardo non mi mollava. «Andrew. La conosci?»

«Sì, mamma. È una mia amica. Mi ha comprato la granita.»

«Non si fa, se prima non chiedi il permesso.» Mi picchiettò un dito sul petto. «Lo hai fatto?»

«No, signora. Mi scusi.»

Sentii che mi tremava il labbro. Pregai: *Non piangere.*

«Non l'hai chiesto.» La sua voce, il suo sguardo, si erano addolciti. «Prendere un bambino per strada. Senza chiedere.»

«Lo so, signora. Mi dispiace.»

«Ho visto i gamberi, mamma!» La stava tirando per il vestito. Lei si fece indietro.

«Quanti anni hai?»

«Dodici. Quasi tredici.»

Fece un altro passo indietro. Ripresi a respirare. Sembrava mi studiasse, o che stesse riflettendo. «Andrew, vai dentro» ordinò, severa. Andrew fece gli scalini di corsa ed entrò in casa. Sua madre lo seguì, ma invece di entrare si fermò anche lei sull'ultimo gradino. Rimase lì a guardarmi. «Anche tu» disse infine.

Non capii. Non mi mossi.

«Sbrigati» insistette. «Fai entrare le mosche. Non ho finito con te.»

Appoggiai la bici contro il muro di mattoni. Salii gli scalini, immaginando che fosse così che si sentivano i prigionieri quando camminavano fino all'ingresso della prigione. Entrai in casa. La porta azzurra si chiuse dietro di me.

CAPITOLO TRENTESIMO

La prima cosa che mi colpì fu l'odore. Come quello di un ristorante, ma non proprio. Come quello di un negozio di fiori, ma non del tutto. L'odore di pasticcio da noi era solo quello: pasticcio di maiale. Ma questo era… sapeva di casa.

E poi i colori. La stanza in cui entrai era rossa, dai muri al soffitto. La stanza successiva era azzurra come la porta d'ingresso. Dei centrini con le frange stavano sui mobili come code di pavone.

C'erano piante dappertutto, molte con dei fiori che non ero in grado di riconoscere. In un angolo, da un'urna di terracotta alta fino alla mia vita, spuntava fuori una pianta enorme, o un piccolo albero. Le sue foglie larghe erano flessibili e burrose, come se potessero essere usate per fare dei guantoni da baseball.

E i cestini! Cestini intrecciati di forme mai viste, uno

così grande che avrei potuto entrarci dentro. Two Mills era rimasta fuori da quella porta azzurra.

Andrew era schizzato in cucina e si era seduto a tavola, a mangiare una mela. A quel punto non avevo la minima intenzione di dire a sua madre cosa ci faceva con i torsoli. Fui invitata a sedermi con lui. La luce del sole entrava da una finestra che dava sul fiume, formando una pozza dorata sul muro.

Tra un morso e l'altro Andrew stava farfugliando qualcosa a una ragazza in pantaloncini corti, raccontandole del giro in bici con me. Lei era ai fornelli. Magari lo stava ascoltando, però guardava me. Sembrava una teenager troppo cresciuta. Diciassette anni, forse. Probabilmente era la sorella di Andrew. La sua carnagione era più chiara di quella degli altri membri della famiglia, più come il caramello che come una barretta di cioccolato. Era a piedi nudi. Aveva le unghie dipinte di verde acqua.

«E quindi» disse, «hai rapito il mio fratellino.»

«No!» protestai. «Stavamo solo...» E poi mi fermai perché stava ridendo.

«Ehi, mia madre non te l'ha detto? Ci serviva proprio qualcuno che lo rapisse. Così possiamo riposarci. Prenditelo quando vuoi.» Pizzicò il naso di Andrew. Lui strillò: «Ahi!», ma non sembrava che si fosse fatto male.

«Non scherzare su queste cose» disse la mamma, prendendo il controllo dei fornelli. Stava mescolando qualcosa in una grande pentola con un mestolo di legno.

«Che cos'è rapire, Missy?» chiese Andrew.

Missy lo ignorò. «Vuoi una bibita?» mi chiese. «Oppure latte. Posso metterci il cioccolato. O un tè freddo?»

«Bibita» risposi. E poi mi ricordai di aggiungere: «Per favore».

Mi riempì un bicchiere mentre Andrew diceva: «La voglio anch'io».

Missy lo guardò. «Finisci la tua mela e non disturbare. Hai già mangiato una granita.» Lo studiò per un istante. «L'hai costretta a portarti in bici, vero?»

Andrew strillò: «No!». Si rivolse a sua madre: «Mamma, di' a Missy che non sono stato io».

«Ha rotto una bottiglia?» Missy mi fissava in cagnesco.

La guardai. Guardai Andrew. «Ecco...»

Missy colpì il sedile di una sedia. «Lo sapevo.» Si girò verso i fornelli. «Mamma...»

Continuando a mescolare nel pentolone, la mamma pronunciò una sola parola: «Stivale».

«Nooo, mamma!» gridò Andrew. «Lo stivale no! Non ho rotto la bottiglia! Vero?» Mi aveva afferrato il pollice, la bibita nel bicchiere sciabordava di qua e di là.

Dai fornelli arrivò una seconda parola: «Subito».

Andrew si lamentò, si agitò e gridò: «Nooo!». Ma obbedì. Uscì dalla cucina e salì le scale rumorosamente. Quando tornò, aveva una gamba infilata fino al ginocchio in uno stivalone da pioggia in gomma. Era così enorme su di lui che dovette trascinarlo sul pavimento come un animaletto che gli si fosse attaccato alla gamba. In quel momento pensai di non aver mai visto niente di più divertente. Mi lasciai sfuggire una risata-grugnito dal naso prima che potessi trattenermi. Mi voltai dall'altra parte. E così fece Missy. «Odia lo stivale» sussurrò. «È l'unica punizione che...» La sua frase terminò con una risatina. Ai fornelli, la mamma di

Andrew continuava a darci la schiena. Aveva le spalle curve. Mescolava sempre più in fretta. Imbronciato, Andrew si lasciò cadere sulla sedia e ricominciò a mangiare la sua mela.

«Ti piace il chili?» mi chiese Missy.

«Sì, signora» risposi.

«Non sono una signora» replicò lei. «Resti a cena con noi.»

Da rapitrice a ospite per la cena. Era accaduto in fretta. Dentro di me mi venne da sorridere.

Missy mi affascinava. Come sua madre, indossava un paio di orecchini d'argento a cerchio in cui sarebbe potuta passare una pallina da ping-pong. Le unghie dei piedi e delle mani dipinte di verde acqua stavano benissimo con la sua pelle color caramello. Mi chiesi se comprasse i suoi cosmetici da Woolworth's. Perfino Reggie non avrebbe trovato nulla da ridire su di lei.

«Mamma» disse, «accendi Wibbage.»

Sua madre allungò una mano sulla cappa e accese una radio bianca. La musica si riversò nella cucina da Wibbage, la stazione che ascoltavano tutti i ragazzini. Immaginai Reggie e la sua radiolina portatile rosa.

«Allora, Claire» disse Missy.

Mi girai intorno. Mi chiesi chi fosse questa Claire. Poi mi ricordai. «Sì, signora… scusa, sì?»

«In che classe sei, eh?»

«Devo fare la terza media.»

«Ah.» Annuì. Sembrava colpita. «Ultimo anno.»

«Sì.»

«Hai tredici anni.»

«Sì.»

«Puoi continuare a chiamarmi signora. Mi piace.»

«Va bene, signora.»

«Hai sentito, ma'?»

Sua madre annuì. «Sì, signora.»

Missy mi studiò. «Tredici anni.» Sembrava che la divertissi. «Ragazzina.»

Get a Job partì alla radio. Missy cominciò a muovere la testa a ritmo. Dopo aver finito la mela, Andrew cercò di infilare il torsolo mangiucchiato nell'orecchino a cerchio di sua sorella.

Non c'entrava. Masticò il torsolo un altro po'. Provò di nuovo. Centro!

«Tredici anni» ripeté Missy.

«Una signorina» aggiunse sua madre.

«Be', quasi» dissi.

«Lo guardi "Bandstand"?» chiese Missy.

«A volte» risposi. «La mia amica Reggie ci deve andare.»

«Forte» commentò lei. «E quindi, ballerà...» Saltò in piedi, e fece una mossa ondeggiante che non avevo mai visto. «... Così?» Si rimise a sedere.

«Sì» risposi, e mi chiesi se Reggie potesse fare la mossa di Missy.

La parte migliore di *Get a Job* era in arrivo. Missy la annunciò e si mise a picchiettare le dita sul tavolo. Andrew le salì in braccio e fece lo stesso. La loro madre batteva il mestolo contro la pentola.

«*Yip yip yip yip, mum mum mum mum,* trovati un lavoro, *get a job*!»

Prima che smettessimo di ridere, partirono le Cookies. Questa volta fui l'unica a cantare: «Non dire niente di male su di lui, tu non sai!». Mi ero alzata d'istinto, guardavo Missy e Andrew dall'alto. La loro madre si era girata, col mestolo in mano. «Va bene, va bene per me. È l'unica cosa che conta.» Le loro facce sprizzavano contentezza, e in quel momento capii perché Reggie volesse diventare una star. Per il gran finale puntai un dito contro ognuno di loro: «Lui è vero, è vero per me!». E all'improvviso Missy si alzò e ci mettemmo a cantare insieme a squarciagola: «Perciò, ragazza, farai meglio a tenere la bocca chiusa!».

La casa diventò un palcoscenico.

Cantavamo a voce troppo alta per sentire la porta d'ingresso, e all'improvviso una voce maschile tuonò: «Rieccomi dalle miniere di sale!».

Conoscevo quella voce. In cucina entrò un uomo di colore basso e tarchiato. Indossava l'uniforme grigia degli autisti di autobus della Schuylkill Valley. Il signor Strong. Il mio allenatore alla scuola primaverile di baseball al parco. Insegnava ai mediani interni.

Quando mi vide nella sua cucina, si immobilizzò. Gli occhi e la bocca formarono un triangolo di O sulla sua faccia stupita. E poi la sua espressione cambiò in un sorriso esagerato. «Bene, bene, guarda un po' chi c'è a casa mia. La signorina interbase. Cammie O'Reilly.»

Quando fu pronunciato il mio vero nome, ogni cosa in cucina tacque, a parte la voce del DJ di Wibbage.

Alla fine – dopo ore, secondo me – Missy la Perfetta disse in tono meravigliato: «È lei?».

E la signora Strong, come se si fosse svegliata da un sogno, il chili che colava dal cucchiaio sul pavimento, disse: «La figlia del direttore della prigione?».

CAPITOLO TRENTUNESIMO

Pedalai nella luce del sole al tramonto, appeso come un mandarino sotto il ponte della ferrovia. Ero elettrizzata, abbagliata dagli eventi della giornata. Mi sorpresi a sorridere. Non avevo smesso di sorridere da quando avevo cantato in cucina. Nemmeno mentre farfugliavo una spiegazione per la storia di "Claire".

Stavo pedalando a tutto spiano su per la West Main quando mi accorsi di essere andata un paio di chilometri troppo oltre. Girai e ripresi la mia corsa verso casa.

Mio padre era in salotto a guardare "Milton Berle" sul televisore Emerson in bianco e nero. Avevo sperato di entrare di soppiatto. Non ebbi fortuna.

«Sei in ritardo.»

«Non è ancora buio» replicai. La regola era che dovevo rientrare prima che facesse buio. Era la stessa per quasi tutti i ragazzini della città, anche i più piccoli.

«Hai saltato la cena.»

«No, ho mangiato da un'altra parte.»
«Dove?»
«Da amici.»
«Chi?»
«Non li conosci.»
«Vediamo.»
«Il signor Strong.»
«Il tuo allenatore di baseball.»
«Sì.» Ero stupita che se ne ricordasse.

Milton Berle entrò in scena vestito da pagliaccio. Le sue scarpe spropositate uscivano praticamente dal palco. Il pubblico era in delirio.

«Devi telefonare» aggiunse mio padre.
«Va bene» risposi.
«Se non vieni a casa per cena.»
«Va bene.»

Distolse lo sguardo dallo schermo per voltarsi verso di me. «Hai sentito?»

Una consapevolezza inaspettata mi colpì: era *davvero* preoccupato.

«Ho sentito.»

Tornò a guardare la TV. «E stai lontana dal camminatoio.»

Eh? «Ma è successo giorni fa.»

«Non è un reato che cade in prescrizione.»

Ci sarebbero voluti ancora molti anni perché apprezzassi l'umorismo di mio padre.

«Tony è uno spione.»

«Magari non è stato lui.»

Un po' capivo quello che stava dicendo: ti voglio bene, mi preoccupo per te, ho delle persone che ti tengono d'occhio. Ma non volevo sentirlo. Non apprezzavo che mio padre mi stesse dando tutto quello che volevo – cure, attenzioni – perché non era da lui che lo volevo. Lo volevo da Eloda Pupko. Perciò non dissi nulla e feci per andarmene.

La sua voce mi fermò. «Prego.»

Mi girai. «Per cosa?»

«La chiave.»

Da quando la chiave era apparsa sul bancone della colazione, nessuno di noi due l'aveva nominata.

«Grazie» dissi. «Adesso posso andare?»

«E chi ti sta fermando?»

Uscii dalla stanza.

Dietro la porta chiusa della mia stanza fui libera di ripensare alla giornata. Era stata pazzesca! Alla fine, una giornata meravigliosa. Era cominciata con il rifiuto di Eloda di punirmi per le cicche di sigaretta che avevo nascosto in camera, o almeno di farmi capire che le aveva trovate. Poi la pedalata fino a casa di sua sorella – solo per vederla – al 428 di Swede Street. E poi il gran finale, le immeritate, meravigliose ore a casa di Andrew e degli Strong. Come avevo visto fare a Eloda con la biancheria da lavare, selezionai i miei pensieri e i miei sentimenti.

Ero elettrizzata. Per un milione di motivi che non sapevo definire.

Ero sorpresa. Che un moccioso potesse trasformare un martedì in una giornata memorabile.

Ero invidiosa. Di Andrew, che aveva una mamma così eccezionale.

Ero felice. Per Andrew, che aveva una mamma così eccezionale.

Ero grata al di là di ogni parola. A sua madre per il rimprovero sul marciapiede. Perché nei suoi occhi inferociti avevo scorto una breve istantanea di mia madre, anni prima. Protettrici di bambini. Sorelle dello stesso stampo. Quella mamma di Mogins Dip avrebbe affrontato un camion per suo figlio? Sicuro.

Ero raggiante. Luminosa. In un momento perfetto. Quando Andrew aveva lasciato il manubrio per allargare le braccia nella brezza e aveva appoggiato il suo corpo minuto al mio, mi aveva dato un assaggio di qualcosa che non sapevo esistesse.

Ero decisa. Davanti al chili e al pane di mais intorno al tavolo della cucina della famiglia Strong, avevo pensato: *Voglio questo.*

E dispiaciuta. Che Eloda non volesse collaborare nella mia caccia alla mamma.

E speranzosa. Che forse, nonostante tutto, stesse già collaborando. Un po'. Perché avevo visto le mie cose – il piatto, il bicchiere, le posate, il tovagliolo – ancora sulla tavola di là. In attesa. Che tornassi.

Mi addormentai ancora con il sorriso.

CAPITOLO TRENTADUESIMO

Fui svegliata da dei familiari colpi alla porta. «Cammie! Apri!»

Reggie aveva promesso di mostrarmi i vestiti che aveva scelto per "Bandstand". Domani era il gran giorno.

Alcuni minuti dopo ero seduta sul divano, in pigiama. Eloda sedeva accanto a me, ma solo perché l'avevo costretta. I momenti storici devono essere condivisi.

Reggie si era fiondata subito in camera mia. Portava una piccola valigia. E adesso usciva dalla stanza sfilando come una modella. Fece una giravolta. Si atteggiò a donna fatale.

Era perfetta. Aveva diciassette anni. Che dico, almeno venticinque.

Un maglioncino di cotone rosa.

Un foulard di seta, uno svolazzo di rosa e grigio scuro, annodato di lato.

Una gonna a tubino strettissima, grigio scuro.

Calzini bianchi.

Scarpe bicolore allacciate, bianche e nere.

Era come se fosse saltata fuori dallo schermo della TV e fosse finita nel mio salotto.

«Wow» fu tutto quello che riuscii a dire. Eloda borbottò, poi si alzò e tornò a spolverare.

«E guarda qui» disse Reggie. Si sollevò la gonna e appoggiò una scarpa sul divano. Tolse i lacci bianchi e li sostituì con un paio rosa. Se li rimirò. «Bisogna spiccare in qualche modo.»

«Ma il rosa in TV non si nota» le ricordai. All'epoca la televisione era solo in bianco e nero.

Agitò un piede. «Ma Dick Clark lo noterà.»

Avevo visto Reggie supereccitata in altre occasioni, ma questa era fuori scala. Le partite al Connie Mack Stadium. I fuochi d'artificio nel parco. L'arrivo di Marvin Edward Baker. Questi eventi avevano tutti una cosa in comune: l'eccitazione era generata da una folla. Ma questa… questa eccitazione veniva da un'unica ragazza che stava davanti a me. Era l'intensità di uno stadio in delirio condensata in un salotto. Sembrava che la tappezzeria del divano scoppiettasse. Nella mia memoria, scintillava.

Sapevo che era una domanda rischiosa ma dovevo fargliela. «E se ti chiedono di dimostrare la tua età? Sei sicura che ti faranno entrare?»

Il pugno di Reggie si posò sulla sua anca sporgente. Mi fece uno sguardo alla non-ci-posso-credere-che-tu-abbia-detto-una-cosa-del-genere. «Tu mi faresti entrare?»

La mia domanda sembrò ridicola.

Provai di nuovo. «Quindi pensi che ci sarà qualche talent scout?»

«Pensa, Cammie» disse. «È a Filadelfia. Quella città pullula di talent scout. Fabian. Frankie Avalon. Ti basta sederti sugli scalini di casa per essere notata. È probabile che verrò scoperta prima ancora di varcare la porta degli studios.»

Passi sulla scala.

Reggie schizzò in camera mia. Mio padre andò nella sua stanza a fare qualcosa, poi uscì di nuovo. Quando Reggie riapparve, era di nuovo vestita normalmente. Il suo completo da "Bandstand" era tornato in valigia.

Si asciugò la fronte in modo plateale. «C'è mancato poco.»

«A che cosa?» domandai.

«Nessuno deve vedermi prima dello show» disse.

«E io? Io sono qualcuno.»

«Tu non sei qualcuno. Sei Cammie.»

Per qualche ragione quell'affermazione mi fece sentire così bene.

«È come quando non puoi vedere la sposa prima del matrimonio» suggerii.

Mi diede un calcetto al piede. «Esatto. A parte la mamma.»

«Come mai?» chiesi.

«La mamma aiuta la sposa a vestirsi. Si assicura che sia tutto a posto.»

«Quindi io sono la mamma» dissi.

«Sei la mamma.»

Andò alla porta. «La prossima volta che mi vedrai...» allargò un braccio «... sarò in TV!»

La guardai andar via per le scale dal pianerottolo. Si fermò a metà e si girò. «Guardami sempre. Quando mi toccherò il lobo dell'orecchio, sarà il mio saluto per te.» E se ne andò trottando giù per le scale e fuori dalla porta.

CAPITOLO TRENTATREESIMO

Lo show non sarebbe cominciato prima delle tre e mezzo del pomeriggio, ma alle tre eravamo tutte sedute sul pavimento a guardare una scialba telenovela sullo schermo. Donna Holloway indossava una maglietta grigio chiaro. Alle tre e un quarto le sue ascelle erano già scure per il sudore. Glenda Schmoyer rovesciò il suo bicchiere di bibita. Due volte. Gussie Kornichek e Rosanna Scotti parlavano istericamente senza sosta. Mi guardai la mano e trovai una goccia di sangue. Mi ero strappata una pellicina dal pollice.

In altre parole, eravamo emozionate. Non solo per Reggie, ma in un certo senso anche per noi stesse. Reggie era un'emissaria nel nostro stesso futuro, che probabilmente prevedeva – perfino io lo ammettevo – ragazzi, balli e avventure romantiche. Ma in quel momento eravamo sedute a gambe incrociate nel mio salotto, cinque ragazzine in attesa.

Finalmente la telenovela finì. Gussie e Rosanna tacquero. Le pubblicità finirono e all'improvviso eccole, le note della sigla di "Bandstand" che rimbalzavano nel mio salotto: *ba-doppa-dop-dop...* Apparve la faccia perfetta e curata da ragazzino di Dick Clark e gli spalti pieni di ragazzi e ragazze alle sue spalle. Mentre parlava, Gussie esclamò: «Donna!».

Guardammo tutte.

Donna Holloway giaceva sul pavimento come se fosse addormentata. Il che era impossibile.

«Penso sia svenuta» disse Glenda.

A quel punto la situazione si fece complicata. Avevamo già distolto lo sguardo dalla TV per cinque secondi. Di più sarebbe stato intollerabile. Ci girammo di nuovo tutte insieme verso lo schermo. Ragazzi e ragazze stavano scendendo dagli spalti per raggiungere la pista da ballo. «C'è Justine!» gridò Rosanna, con Donna sdraiata in mezzo a noi, la faccia di un colorito cinereo come la sua maglietta. Sapevo che dovevamo fare qualcosa. E fui illuminata da una soluzione brillante.

«Eloda!» chiamai. «Eloda, presto, vieni!»

Da quel momento in poi la mia memoria è circoscritta allo schermo da quindici pollici in bianco e nero. Immagino che Eloda fosse arrivata a soccorrere Donna, perché la nostra svenevole amica tornò presto a sedersi in mezzo a noi.

Ogni volta che la telecamera inquadrava gli spalti o i ragazzi danzanti, ci allungavamo in avanti. Ci furono diversi falsi allarmi. «Eccola!»... «Eccola!» I nostri cuori affondarono non appena vedemmo Tommy D ballare con la sua solita partner, Arlene Holtz. Quando la telecamera si strinse sugli altri partecipanti famosi, come Justine e Bob, prestammo a malapena attenzione.

Dick Clark andò con il microfono tra gli spalti, a chiedere i nomi ai ragazzi e alle ragazze. Nessuno era Reggie.

Jackie Wilson si fece avanti e cantò in sincrono *Lonely Teardrops*.

Le votazioni per le canzoni più belle cominciarono e finirono.

Nessuna traccia di Reggie.

La lancetta dell'ora aveva passato le quattro da un bel po' quando sobbalzammo tutte al grido di Donna: «Eccola!».

Non era sugli spalti. Non stava ballando. Molto meglio! Stava riempiendo lo schermo. Niente Tommy D. Niente Justine o Bob. Nessun altro a parte Reggie e Dick Clark. Era raggiante. Era bellissima. Sembrava proprio una dei partecipanti abituali. La nostra Reggie.

«E oggi abbiamo con noi...» Dick Clark le passò il microfono.

Di norma, a quel punto, molti ragazzi dicevano il loro nome con la bocca aperta, guardando il microfono nella mano di Dick. Altri balbettavano. Qualcuno si fermava a pensare. Non Reggie. Non appena le arrivò il microfono, alzò il mento. Non guardò mai in basso. Non girò solo la faccia, ma tutto il suo splendido corpo verso la telecamera, e il cameraman, cogliendo l'attimo, tagliò fuori Dick Clark finché solo la faccia di Reggie fu inquadrata nello schermo e lei disse – anzi, proclamò – con tutta la spavalderia con cui un nome si fosse mai proclamato: «Reggie Weinstein!».

L'orgoglio ci paralizzò, ma solo fino alla domanda

successiva che Dick Clark le pose: «E di' ai nostri telespettatori di che colore sono i lacci delle tue scarpe, Reggie Weinstein».

Lei ridacchiò. «Rosa.»

«E dove vivi, Reggie?»

Il pugno di Reggie schizzò in aria mentre lei gridava al mondo: «A Two Mills!».

Non ci fu nessuna reazione sugli spalti, ma in un certo salotto sopra una certa prigione nella contea di Hancock scoppiò il finimondo.

Nel nostro delirio ci perdemmo quello che Dick Clark disse dopo e la risposta vivace di Reggie; poi lui indicò la lavagna e Reggie ci attaccò uno stemma che diceva:

SCUOLA MEDIA STEWART

E poi Dick Clark indicò la pista da ballo e la musica aumentò di volume e lui disse: «E ora, signorina, se fosse così gentile da aprire le danze sul successo mondiale di Lloyd Price... *Personality*!». E Reggie si diresse verso i concorrenti abituali che stavano intorno alla pista e...

«Ommioddio!» gridò Gussie Kornichek...

«Ommioddio!» strillò Rosanna Scotti...

... E andò dritta da Tommy DiBenedetto, strappandolo dallo sguardo malefico di Arlene Holtz e conducendolo per mano fino al centro della pista – nel cuore del pomeriggio televisivo americano – dove si mise a ballare – facendo il passo che aveva provato con *me* – nientemeno che con Tommy D in persona.

CAPITOLO TRENTAQUATTRESIMO

Quel ballo al centro della scena fu l'unico che fece con Tommy D, ma per l'ultima mezz'ora dello show Reggie non fu mai fuori dall'inquadratura. Balli lenti, balli veloci – ragazzi carini con i capelli a coda d'anatra si alternavano per ballare con lei.

Al contrario degli abituali, lei non finse di non sapere che c'era una telecamera a osservarla. Sorrideva guardando dritto nell'obiettivo e negli schermi di venti milioni di spettatori. Fu durante il ballo finale, un lento – *Donna* di Ritchie Valens (Donna Holloway andò in delirio ma si calmò prima di svenire) – che Reggie attirò l'attenzione della telecamera per l'ultima volta. Guardando al di sopra della spalla del suo compagno, liberò la mano per un secondo e, sorridendo dritto in faccia a quei venti milioni, si toccò il lobo dell'orecchio. Sentivo ancora Ritchie Valens – «Dove sei?» – ma non vedevo più Reggie perché avevo gli occhi pieni di lacrime.

Sarebbe potuta andare dritta a casa dopo lo show. Invece prese la metro e il treno veloce fino in città, corse dal binario alla prigione e arrivò pestando i piedi sugli scalini fino all'appartamento. Per fortuna avevo lasciato la porta aperta, altrimenti l'avrebbe sfondata. Avevo già acceso il giradischi.

Esultammo. Strillammo. Ballammo tutte e cinque con lei. Ci diede la striscia di carta che certificava il suo ingresso nel programma. Ne prendemmo un pezzo a testa, della misura di un francobollo, come ricordo.

Uscimmo gridando e andammo in centro. (Quel giorno mio padre cenò da solo.) Ballammo per tutta la East Main fino da Linfante, dove ci stringemmo in un tavolino e ci rimpinzammo di panini. Il tipo speciale che si preparava solo a Two Mills. A un certo punto, tra le chiacchiere e i bocconi, Reggie mi fece l'occhiolino dall'altra parte del tavolo e si toccò il lobo dell'orecchio. Io ricambiai l'occhiolino e mimai con la bocca un "grazie".

Prima che calasse il buio eravamo tornate a casa, ma le telefonate continuarono fino a mezzanotte. Non vedevamo l'ora di riunirci di nuovo tutte il giorno seguente, il quattro luglio.

CAPITOLO TRENTACINQUESIMO

Pistole giocattolo che sparavano per le strade. Bombette da festa che esplodevano nelle trombe delle scale. Razzi a fischio nel cielo. Stelline a scintilla piantate nell'erba.

Ma nel cortile delle detenute il quattro luglio era un giorno come un altro. Deena prendeva il sole. Helen e Tessa litigavano per la partita di volano. Le punte delle sigarette si baciavano.

Nella Stanza della Quiete, la storia di Boo Boo quel giorno era dedicata a quando aveva vinto la corsa con i sacchi al parco, il quattro luglio dei suoi dieci anni. Il suo compagno di squadra era un ragazzino di nome Raymond. Lo aveva acchiappato in mezzo alla folla. «Raymond aveva circa cinque anni» disse a bassa voce, come se i giudici del parco potessero sentirla. «Ma anche allora era piccolo per la sua età. Sembrava avesse tre anni. E pesava come una nocciolina.»

La sua stazza era la chiave per il suo piano geniale. Lo infilò nel sacco di iuta insieme a lei, una gamba fuori e una dentro, e gli disse di tenersi stretto, prima di partire al grido di: «Via!». Raymond era così piccolo che fu come se corresse da sola. Lui dovette solo restare aggrappato fino al traguardo. I giudici si riunirono per discutere della cosa. Conclusero che non aveva infranto nessuna regola e che non avevano altra scelta che dichiarare lei e Raymond vincitori. «La signorina Boo Boo Dumbar!» fu annunciato dagli altoparlanti, e fu così che me lo recitò sulla panchina di cemento. Il premio era un cestino da picnic pieno di merendine e dolcetti.

«Gli diedi tutte quelle al limone» raccontò. «Io odiavo il limone.» Si massaggiò la pancia enorme. «E sai dove finì il resto.»

Il fischio del birrificio annunciò l'ora di pranzo. Mentre le donne cominciavano a rientrare...

«E il giorno che esco, cosa ti porto?»

«La torta di patate dolci!»

In molte mi chiesero se sarei andata a vedere i fuochi d'artificio quella sera. Il tono delle voci e l'espressione degli occhi mi dissero che per loro il quattro luglio non era affatto un giorno come un altro.

La mia banda di Galeotte si diresse al parco, dove tutte le griglie e i tavoli da picnic erano già occupati. Ovunque guardassi c'erano coperte e piedi nudi e uova ripiene. Facce dipinte. Corse con i sacchi. La gara dei poppanti a carponi. Lo zio Sam sui trampoli. Gruppi di cantanti a cappella nel padiglione della banda. Spettacoli di dilettanti.

Senza dubbio la gente pensava di festeggiare il centottantatreesimo compleanno degli Stati Uniti d'America. Si sbagliava. Le parate, i fuochi d'artificio, i picnic, i discorsi – in realtà era tutto un grande festeggiamento per il Meraviglioso Giorno a "Bandstand" di Reggie Weinstein. Scorrazzammo dal padiglione allo zoo e ovunque sentivamo gridare:

«Reggie!»

«Ti ho vista ieri!»

«Reggie!»

Grazie alla nostra amica famosa, ci venne offerto cibo da picnic da centinaia di coperte e tavolini. Ogni due minuti qualche fan le chiedeva l'autografo.

Ci capitò di fermarci vicino al palco per l'esibizione dei dilettanti mentre un ragazzino suonava il clarinetto. Reggie mi diede un colpetto. «Ehi... è lui.»

«Eh?» dissi. «Lui chi?»

«*Lui*. Il ragazzino che ti viene dietro. Fuori dalla prigione, quel giorno.»

Finì la sua esibizione e staccò lo strumento dalla bocca, e sì, era il ragazzino della Roadmaster. Fece un rapido inchino e salutò prima di trottare giù dal palco mentre il pubblico applaudiva.

Le restituii il colpetto. «Sei scema. Non mi viene dietro.»

«Ti ha appena salutato» cantilenò lei.

La corressi: «Ha salutato tutti».

Con mio grande sollievo, l'attenzione si spostò di nuovo dove doveva stare:

«È Reggie Weinstein!»

«Ciao, Reggie!»

«Ehi, Reggie!»

Almeno cento ragazze le chiesero com'era ballare con Tommy D. Divenne così scontato che cominciammo a rispondere anche noi per lei, con la sua stessa alzata di spalle noncurante e le sue parole: «Niente di che».

Dopo l'esibizione dei dilettanti, salì sul palco una banda jazz in costume appartenente alle parate dei Filadelfia Mummers. E poi la banda della contea di Hancock suonò fino al tramonto e i bambini più piccoli cominciarono a gridare: «I fuochi d'artificio!».

Poche attese nel mondo sono lunghe come quella che precede la sera del quattro luglio. La popolazione di Two Mills si radunò sui terrapieni al di là del campo da baseball. Su una parte del campo i tubi dei fuochi spuntavano come peluria su un mento gigantesco. Un'autoambulanza arrivò e si fermò dietro la posizione del ricevitore. E poi un camioncino dei pompieri. Ragazzini urlanti correvano in giro mentre migliaia di occhi adulti controllavano il cielo in attesa della perfetta tonalità di buio. All'improvviso si sentì un profondo e risonante rintocco e un fischio nella notte e degli sfrigolii su, sopra gli alberi – «Là! Là!» – e delle perle rosse, bianche e blu polpose come semi di melograno esplosero sopra le facce meravigliate e scesero crepitando sul parco.

Migliaia di occhi erano rivolti in su, ammirati. Mi chiesi se, da qualche parte in quella folla, un paio di loro appartenessero alla sorella di Eloda.

Mentre la notte risplendeva di colori, pensai alle detenute. Mi domandai se anche loro potessero sentire i boati. Immaginai di guidarle fuori dalle celle e su per una scala a pioli in cima al muro di cinta, dove avrebbero potuto sedersi, con le gambe penzoloni, le facce illuminate di meraviglia e di gioia.

Il finale tuonò nel cielo con la violenza di un bombardamento aereo. La chiusura fu improvvisa e inaspettata. Rapita, la città attese un seguito. «È finito?» In quel momento le luci dell'ambulanza si accesero. La nube di cordite si disperse in alto. Con riluttanza, cominciammo a rialzarci da terra e ad avviarci verso casa.

Mi separai dalle altre davanti alla piscina gonfiabile per i bambini e mi diressi ai binari della ferrovia. In quei giorni non era insolito che i ragazzi prendessero quella scorciatoia fuori dal parco, anche di notte. Io l'avevo fatto mille volte.

Avevo appena cominciato la mia passeggiata lungo i binari quando sentii: «Cammie!».

Era Roadmaster che correva dietro di me per raggiungermi. Portava quella che sembrava una valigetta nera in miniatura. Mi ricordai del clarinetto.

«Ciao» disse.

«Ciao» risposi.

«Belli i fuochi, eh?»

«Sì.»

Dopo il modo in cui avevo aggredito il piccolo Benny House nel campo da baseball, la settimana prima, mi stupiva che quel ragazzino volesse ancora parlarmi. Indossava il solito cappellino da baseball dei Phillies.

Di recente ho cominciato a desiderarne uno per me. Ma allora non lo volevo. Camminammo fianco a fianco, seguendo i binari. Ci lasciammo i lampioni alle spalle. Ben presto non riuscii quasi più a vederlo.

«Sono meglio dei fuochi che si facevano dove abitavo prima» disse lui.

Anche una ragazzina asociale come me sapeva che in quel momento avrei dovuto chiedergli: "E dove abitavi prima?". Ma non dissi niente.

«Vengo da Punxatawney» disse lui comunque.

Che buffo nome per una città, pensai.

Nonostante il buio rendesse inutili i miei occhi, c'erano un sacco di cose da ascoltare. Lungo i binari, voci di tutte le età ravvivavano la notte senza luna mentre le famiglie rientravano a casa dopo la serata al parco. Centinaia di passi risuonavano sulla ferrovia come cemento mescolato in una betoniera.

Sentivo che mi stava guardando, sentivo che voleva che parlassi.

Alla fine lo disse di nuovo, scandendo la pronuncia: «Punxatawney?». Con un punto interrogativo.

«E quindi?» dissi.

«La marmotta?» aggiunse.

«Eh?» feci.

E allora me lo spiegò. Della marmotta Phil di Punxatawney e di come tutta l'America aspetti ogni anno il due febbraio per scoprire se Phil della contea del carbone della Pennsylvania vede la sua ombra o meno – e in quest'ultima ipotesi, per prepararsi ad altre sei settimane di inverno. *Quella* Punxatawney. Avevo sentito della marmotta e della sua ombra, ma pensavo che fosse una specie di favola.

Lui rise, chissà perché. «Perciò spesso, quando dico che vengo da Punxatawney, la gente commenta: "Ma non assomigli affatto a una marmotta".» Rise di nuovo. Si stava davvero sganasciando dalle risate. Pensai di dirgli: "Forse avresti dovuto presentarti come comico allo spettacolo per dilettanti". Ma non lo feci.

Immaginai che il fatto che venisse da un'altra città spiegasse tutto. Per esempio come mai stava sprecando il suo tempo con Cammie O'Reilly, la bisbetica della città.

«Mi chiamo Danny Lapella» mi informò.

Appena risposi: «Congratulazioni», mi resi conto di essere stata cattiva, ma lui si limitò a ridere di nuovo.

«Piacere di conoscerti, Cammie» disse.

Qualcosa mi urtò il braccio, poi si scostò, infine tornò e rimase lì. *Mi sta toccando!*, pensai, poi mi accorsi che cercava una stretta di mano. Decisi di dargli tregua. Le nostre mani si intrecciarono nel buio e si strinsero per un istante.

«Quando ti ho vista fuori dalla prigione, quel giorno, non sapevo che vivessi lì dentro.» La sua voce aveva la stessa nota sorpresa che avevo già sentito un milione di volte. Ma qualcosa mi irritò ancora di più: aveva chiesto di me in giro.

«Adesso lo sai» dissi.

E proprio come tutti, chiese: «Conosci i prigionieri?».

«Niente domande sulla prigione» risposi.

«Okay» fece lui. Se si era accorto che lo stavo rimproverando, non lo diede a vedere. «Allora. Mi hai visto quando ti ho salutato?»

Fui colpita da due reazioni allo stesso tempo.

1) Sorpresa: Reggie aveva ragione. *Ti ha appena salutato.* 2) Risentimento: questo ragazzino sapeva cogliermi alla sprovvista.

«No» risposi, e decisi di prenderlo in giro. «Quando?»

«Allo spettacolo per dilettanti.»

«Ah, c'eri anche tu?» dissi, fingendo interesse.

«Ho suonato il clarinetto.»

«Eri tu, quello?»

«Certo. Ero io. Ti ho salutato con la mano prima di scendere dal palco.»

Cominciava a diventare visibile. Ci stavamo avvicinando alla fine del vicolo cieco di George Street e al suo ultimo lampione. Lo guardai dritto in faccia. «E perché avresti fatto una cosa del genere?»

Lui mi fissò. Sembrava spiazzato. «Non lo so… è solo…»

«C'era un sacco di gente» sottolineai. «Magari hai salutato qualcun altro.»

Lui protestò: «Ma no. Eri *tu*. Ti ho vista. Eri vicino all'asta della bandiera con le tue amiche».

Tirai su col naso. «Scusa. Non me lo ricordo.»

Era divertente vederlo imbarazzato.

«Be'» disse, «almeno ti è piaciuta la musica?»

«Quale musica?» chiesi.

«Quella del clarinetto» rispose, mostrandomi la custodia dello strumento. Cominciavo a sentire la frustrazione nella sua voce. «Almeno ti ricordi di qualcuno che suonava il clarinetto?»

«Che cosa sarebbe un clarinetto?» insistetti.

Se avesse avuto giudizio, in quel momento avrebbe dovuto attaccarmi e darmi una lezione. Ma immaginai che i ragazzini di Punxatawney erano troppo stupidi per accorgersi di quando qualcuno li prendeva in giro.

Tutto quello che disse, la sua voce che si sgonfiava

come una camera d'aria bucata da un chiodo, fu: «È uno strumento musicale».

Mi venne in mente che avrei potuto dargli il colpo di grazia chiedendogli: "Hai vinto?", per costringerlo a rispondermi: "No". E poi mettere il dito nella piaga con: "Vuoi dire che hai perso?". E costringerlo a dire: "Sì". Ma non lo feci. Mi limitai a dire solo un: «Oh», e a lasciarlo lì sospeso in tutta la sua ostilità.

A quel punto avrebbe dovuto capire e andarsene strisciando nella notte. Invece si riprese in un attimo e si lanciò in un monologo che durò per tutto il resto del percorso. Mi disse della sua collezione di francobolli. Del suo cane Bijou. Della sua passione per i gorilla di pianura e per le polpette svedesi e dei suoi sentimenti contrastanti per la parola "misantropo". Mi disse che sarebbe andato in terza media – «Come te!» – e che era nervoso ma anche emozionato.

Mi raccontò cosa combinavano il quattro luglio nella contea del carbone. I ragazzini facevano dei buchi in una lattina, l'attaccavano a una corda e ci mettevano dei tizzoni ardenti e poi la facevano girare in aria nella notte. «Dovresti vederlo» esclamò, «centinaia di ragazzini che lo fanno tutti insieme!»

E questo è tutto ciò che ricordo di quella camminata. Danny Lapella che parlava senza sosta, finché all'improvviso disse: «Be', eccoci». E io guardai in alto ed eccola là, la fortezza, la mia casa, che incombeva nella notte. Ero sorpresa. E poi irritata nel capire perché lo fossi: avevo prestato più attenzione al suo bla bla bla di quanto non avessi voluto.

Lo attaccai. «Non ho bisogno di essere accompagnata a casa, sai. Posso andare dove voglio da sola. Pedalo fino alla Valley Forge. Cammino lungo i binari di notte un sacco di volte.»

«Okay» disse lui, troppo accondiscendente. «Ciao.» E con un cenno della mano, se ne andò.

Rimasi lì ferma, nonostante le parole mi arrivassero in bocca dritte dal cervello. Avrei dovuto solo lasciarle uscire: "Non assomigli affatto a una marmotta". Ma non dissi nulla ed entrai in casa.

Due giorni dopo sentii che aveva vinto il primo premio per la sua fascia d'età alla gara dei dilettanti.

Il giorno seguente andai a cercare la parola "misantropo" sul vocabolario.

CAPITOLO TRENTASEIESIMO

Se fossi stata una ragazzina normale, probabilmente mi sarei presentata a casa di Andrew tutti i giorni. E quindi perché non lo facevo? Di cosa avevo paura?

Poi arrivò il carbone.

Nel 1959 tutte le case della città venivano riscaldate a petrolio o a gas, non con il carbone – a parte la Grande Casa. Mio padre aveva ottenuto la maggior parte delle cose che aveva richiesto alle autorità della contea per migliorare la prigione. Ma non le caldaie a petrolio.

A metà della prigione, prima che cominciasse il cortile per i detenuti, c'erano un paio di boccaporti verdi a forma di cuneo che sporgevano dalla base del muro di cinta. Erano distanti tra loro circa sei metri ed erano chiusi con i lucchetti più grossi che avessi mai visto. Era dove il carbone veniva stipato, lo stesso carbone che teneva la prigione talmente calda che spesso, in inverno, i detenuti stavano nelle loro celle in mutande. (Così mi era stato detto.) Come per la Stanza della Quiete e la festa di Natale e la bistecca una volta alla settimana, per mio padre era così: «È un *penitenziario*. Tremare dal freddo ti rende ostile, non *pentito*».

Una volta d'estate e una volta al mese d'inverno, un convoglio di camion della J. Gresh si allineava nel vicolo dai boccaporti fino a Marshall Street. I boccaporti venivano aperti, un paio di scivoli estraibili simili a tavole venivano abbassati e il carbone rotolava giù, un carico dopo l'altro. Una guardia stava vicino ai boccaporti finché non venivano richiusi di nuovo.

Quella mattina di luglio in cui il carbone stava scendendo giù per gli scivoli, aprii la porta sul retro per la mia solita visita alle detenute in cortile. Il rumore mi colpì in tutta la sua potenza: un tuono che cadeva da una scala senza fondo. Chiusi la porta. Quel giorno restai a casa.

Eloda stava pulendo il bagno. Io ero in soggiorno a giocare a Monopoli contro me stessa. Non mi accorsi che c'era qualcuno alla porta finché non sentii bussare. Il fragore del carbone aveva smorzato i passi sulle scale.

Sapevo che non era Reggie. Non veniva mai così presto. E non aveva mai chiesto di tornare nel cortile con le detenute. Il suo interesse per la prigione adesso era tutto focalizzato su Marvin Edward Baker.

Rabbrividii al pensiero che potesse essere Danny Lapella. Non lo vedevo da quella sera del quattro luglio. Avevo cercato di non pensare a quell'incontro. Ma se avessi davvero creduto che poteva esserci lui al di là della porta, sarei corsa a nascondermi sotto il letto e avrei mandato Eloda ad aprire. Il bussare però non era quello di un ragazzo, ma di un bambino.

Aprii. Era Andrew.

Era raggiante. Alzò le braccia di scatto. «Non mi hanno dato il permesso di venire, ma sono venuto lo stesso!»

La mia ombra si staccò dal corpo e lo prese in braccio e lo strinse e gli fece il solletico mentre lui ululava per le risate. La me in carne e ossa invece disse solo: «Ciao». Ero a disagio ma non sapevo perché. Stavo per scoprirlo.

Andrew guardava oltre la porta, meravigliato. Indicò. «Quella è una *criminale*?»

Mi girai. Eloda era vicino al tavolo della sala da pranzo, con la bocca aperta.

«No» risposi. Gli misi le mani sulle spalle magre. «È una persona fidata. E adesso cosa…»

Lui si staccò da me e si infilò di corsa nell'appartamento. «Voglio vedere i *criminali*!»

Eloda era scomparsa.

Raggiunsi Andrew in cucina. Guardava fuori dalla finestra. Indicò. «E quello cos'è?»

Non erano ancora le dieci, le detenute non si trovavano in cortile. «È uno spiazzo per fare ginnastica» risposi.

Si illuminò. «I salti!»

«Sì» dissi. «Per tenersi in forma.»

Lo spinsi via. Lui si divincolò è tornò alla finestra. «Dove sono?»

«È troppo presto» gli dissi, e in un attimo lui raggiunse la porta posteriore e uscì. Lo riacchiappai in fondo alle scale. Lo trascinai di nuovo su, mentre si dibatteva e protestava.

Eloda aspettava in cucina. «Se ne deve andare» disse. Indicò la porta principale. «Fuori.» La sua faccia, la sua voce dicevano: "Non mi sfidate".

Andrew smise di lamentarsi all'istante. Anche allora non mi fidai a liberarlo e lo condussi alla porta. Ero sul pianerottolo a guardarlo mentre scendeva le scale, quando all'improvviso si girò e tornò indietro di corsa. Mi chiusi la porta alle spalle e mi preparai a placcarlo, ma non voleva tornare nel cortile, voleva me. Mi si tuffò addosso e mi strinse forte come aveva fatto quel giorno con sua madre. Prima che potessi ricambiare l'abbraccio, era già schizzato nella Reception e fuori in strada.

Quando tornai in casa Eloda mi aspettava.

«Chiudi la porta» disse.

Obbedii. Mi aspettavo che arretrasse. Non lo fece. Per la prima volta, potevo quasi contarle le lentiggini sul naso e sulle guance. Sentivo l'odore dello straccio per spolverare che teneva in mano. Limone. Il carbone continuava a ruggire sugli scivoli.

«Cosa pensi di fare?» chiese.

Non capivo la domanda.

«Non ti devi permettere.»

«Di fare cosa?» chiesi. E mi ricordai del mio vago imbarazzo quando Andrew era arrivato.

«Portare qui dei bambini. In un posto del genere.»

«Eloda» protestai, «non ce l'ho portato. È venuto da...»

«Non rispondere. Ascolta e basta.»

Difendermi non era solo inutile: mi venne in mente che non lo volevo fare. Le circostanze mi avevano consegnato proprio quello che desideravo. Mi stava sgridando.

«Va bene» risposi.

«Mai più.»

«Mai.»

«Esporre un bambino a questo.»

«Mai più.»

«E me...» sventolò una mano verso il cortile «... noi. Non siamo in mostra. Non siamo fenomeni da baraccone.»

«No.»

Prese la mia faccia tra le mani.

«Mi hai sentita?»

Stavo tremando. «Sissignora.»

Mi strizzò le guance finché la mia bocca non assomigliò a quella di un pesce. «Ti darai una regolata e filerai dritto. Hai capito?»

«Sissignora.»

Strizzò più forte. Il dolore mi stupiva e mi elettrizzava allo stesso tempo. Mi stava urlando in faccia. «Camille?»

Il carbone ruggiva ancora. Gridai: «Sì, mamma!».

Restammo lì a guardarci a bocca aperta, entrambe spiazzate da quello che avevo detto, pietrificate nell'improvviso silenzio: il carbone aveva smesso di cadere. Mi mossi per prima. La lasciai a fissare la porta mentre correvo in camera mia.

CAPITOLO TRENTASETTESIMO

Dopo quell'episodio ci evitammo come due gatti diffidenti. Se io ero in salotto, Eloda era in lavanderia. Quando lei andava in cucina, io ero altrove. Di solito, quando il fischio di mezzogiorno suonava, correvo via dal cortile delle detenute e andavo su in cucina a sedermi con Eloda. Per abitudine, feci lo stesso il giorno dopo la visita di Andrew. Mentre entravo dalla porta posteriore, intravidi una sagoma di jeans che fuggiva dalla cucina. Sul tavolo erano rimasti un bicchiere mezzo pieno di acqua ghiacciata, briciole e un tovagliolo intatto – un'irregolarità sulla gestione della casa che non sarebbe mai successa con la Eloda che conoscevo. Da quel giorno in poi, al fischio del pranzo, indugiavo giù in cortile, tirando calci alle cicche di sigarette, prima di risalire lentamente – e rumorosamente – in casa. Trovai sempre la cucina vuota e immacolata.

Il momento più doloroso di questo nostro distacco era la mattina. Di solito, appena finivo i miei cereali, lei arrivava alle mie spalle con il pettine e l'elastico. Era allora che, al tocco esperto delle sue mani sui miei capelli, mi avvicinavo il più possibile a una quotidiana dose di accudimento materno. Era in quel momento che chiacchieravamo.

Ci rinunciai. Siccome ero troppo terrorizzata per affrontarla, adesso mangiavo i miei cereali al tavolo della cucina invece che al bancone. Volevo che per lei fosse un segnale di starmi alla larga. Funzionò. I miei capelli rimasero sciolti. A malapena riuscivo a credere che ci fosse stato un tempo in cui lei aveva riso a crepapelle per la mia richiesta di un nastro. Il nostro distacco silenzioso e gelido si indurì e diventò di ghiaccio.

Ovviamente il modo migliore per evitare Eloda era andarmene in giro per la città. Perciò pedalavo. Ogni giorno. Fino alla Valley Forge. East Norrinton. West Norrinton. Conshohocken. Ovunque a parte il centro. Ovunque a parte Mogins Dip. Per nessun motivo sensato, adesso avevo paura di avvicinarmi a Andrew Strong.

Camille! Camille!

A ogni colpo di pedale risentivo la voce di Eloda. Non mi importava che si fosse arrabbiata, che mi avesse sgridata. Il mio nome le era uscito dalla bocca. Il nome che mi aveva dato Anne O'Reilly. *Camille!* Non era il *Cammie* che desideravo. Ma nemmeno quell'odioso "signorina Cammie".

Pedalai davanti al porticato del numero 428 di Swede Street. Tre volte. Nessun segno di una sorella.

C'erano undici alberi di gelso in città. Li raggiunsi tutti, mi arrampicai su ognuno di essi, mi sedetti sui rami a ingozzarmi, macchiando me stessa e il marciapiede di succo scuro.

Pedalai fino al parco. Esplorai la zona intorno al torrente. Raccolsi i lamponi, rossi e neri. Arrivai fino allo zoo. Non avevo più un guantone appeso al manubrio. Non mi avvicinai al campo da baseball. Mi fermai da Ned per comprare un hot dog lungo trenta centimetri, e dagli scalini del negozio guardai i ragazzini giocare. Danny Lapella era lì con il suo cappellino dei Phillies. Pedalai oltre.

La mattina continuavo a mescolarmi tra le detenute in cortile. E a stare con Boo Boo. Mi attaccai a lei più che mai. Mi elettrizzavano le storie della sua incredibile vita. Ballerina. In una squadra di pattinatrici. Domatrice di animali in un circo. C'era solo una persona seduta accanto a me sulla panchina, ma a volte era come se fossero dieci.

Boo Boo aveva un amore speciale per l'acqua. «Acqua cristallina» la chiamava. Disse che veniva dal fatto che era cresciuta nella baia sulle rive del delta del Mississippi. «Andavo a scuola a cavallo di un alligatore!» mi raccontò gesticolando. E stavo quasi per crederle quando lei mi fece l'occhiolino e il suo sorriso furbo mi disse di non cascarci.

Ma era vero che era cresciuta in quelle cupe zone paludose e, nonostante tutte le mirabolanti svolte della sua vita, non aveva mai abbandonato il suo sogno delle "acque cristalline". E anche se spesso diceva: «Andrò a vivere vicino all'acqua cristallina», lo prendevo proprio per quello, un sogno. Una consolazione da cella. Un inarrivabile sogno da prigione che migliorava l'umore.

Fino al giorno in cui confessò.

La luce furba era sparita dal suo sguardo. La sua voce si fece più bassa, come se qualcuno potesse origliare. Mi tirò più vicina a sé sulla panchina. «Confesso» sussurrò.

Lasciò le parole sospese nell'aria mentre mi scrutava in cerca di una reazione. Io immaginai che fosse sul punto di violare la classica dichiarazione di tutti i prigionieri: sono innocente.

«Boo Boo» dissi, tenendo anch'io la voce bassa, «non c'è bisogno che confessi. Lo sanno tutti che sei stata tu. Ti vanti sempre della tua carriera da taccheggiatrice.»

Emise un suono come di una bottiglietta di bibita che si stappa. «Quella è roba vecchia.»

«Vecchia?» Richiamai alla memoria i suoi insegnamenti. «Pensavo che saremmo diventate una banda.»

Lei fece un grugnito. «E questa da dove ti viene?»

«Scusa» replicai, spiazzata. E la riportai all'argomento principale, ovunque andasse a parare. «E quindi cos'è roba vecchia?»

Indicò l'aria. «Tutto. È finita.» Mi guardò. «Sai cosa farò?»

«Cosa?»

«Mi sistemerò.»

Non ero sicura che quell'informazione si qualificasse come "confessione", ma di certo non mi sarei messa a cavillare sulle parole. «Mi sembra giusto» commentai.

«Mi sposerò» disse.

«Fantastico.»

«Avrò dei bambini.»

«Ottimo.»

«Sei.»

«Wow.»

Si tirò indietro. «Sono troppi? Che ne dici di cinque?»

«Ehi, no» risposi in fretta, «sono i tuoi figli. Sei va benissimo.»

«Ho già scelto i nomi. Li vuoi sentire?»

«Certo.»

Li recitò senza esitazioni. Era evidente che ci aveva rimuginato a lungo. «Audrey. Angela. Adele. Amos. Alan. E Alvin.» Sorrise. «Non noti niente?»

«Cominciano tutti con la A» risposi.

«E che altro?»

Non ci arrivai. «Cosa?»

«Tre maschi. Tre femmine.»

Tirai uno schiaffo alla panchina. «Ah! Vero!»

E poi mi raccontò di Delancy Worthington.

CAPITOLO TRENTOTTESIMO

Lo aveva incontrato un giorno d'estate.

Stava facendo un po' di "compere" sulla strada principale. Di solito sarebbe andata dritta a casa a scaricare la refurtiva dalla sua biancheria. Ma quel giorno era troppo bello per starsene a casa, e proprio là, dall'altra parte della strada, c'era un piccolo giardinetto, tra l'imponente tribunale e il marciapiede. Aveva attraversato e si era seduta su una panchina vicino al cannone dal naso tozzo risalente alla Prima guerra mondiale.

Aveva avuto il giardinetto tutto per sé per un minuto, e a suo dire era stato il "secondo miglior minuto della sua vita". Se ne stava lì seduta al sole a guardare i passanti e le macchine e i treni che arrivavano sulla ferrovia rialzata e non aveva potuto fare a meno di sorridere alla perfezione della scena. Se il malloppo che portava nelle mutande le causasse fastidio nel sedersi, lei non lo notò.

Il birrificio aveva fischiato e mezzo tribunale, con sacchetti di carta e cestini per il pranzo, si era riversato sulle panchine fuori.

Tra loro, c'era un uomo alto e bello che si era seduto all'altro capo della panchina di Boo Boo. Quando aveva scartato il suo sandwich e aveva cominciato ad analizzarne il contenuto, lei non era riuscita a trattenersi e aveva detto: «Salsiccia di fegato». Lui avrebbe potuto offendersi per la sua sfacciata supposizione. Avrebbe potuto ignorarla. Ma quel che fece fu ricambiare la risata con una risata, perciò lei si sentì incoraggiata ad aggiungere: «Con cipolla!».

«Che fiuto!» aveva detto lui, ed era scoppiato a ridere. In quel momento l'orologio si era già messo a scandire il "primo miglior minuto della sua vita".

«Non riuscivamo a smettere di ridere» continuò a ripetermi, come se non riuscisse a crederci. Lui aveva staccato un pezzo del suo sandwich con salsiccia di fegato e cipolla e glielo aveva offerto. Poi si era alzato e aveva chiesto: «Che gusto?» e lei aveva risposto: «Ciliegia» e lui era corso sul ciglio della strada, dove un ambulante parcheggiava il suo carretto ogni giorno all'ora di pranzo, e tornò con due bicchieri di succo di ciliegia ghiacciato.

Lavorava come impiegato all'ufficio del registro, le aveva raccontato. Frequentava la scuola serale per diventare avvocato. «Chi lo sa?» aveva detto. «Magari anche pubblico ministero, un giorno.»

«Forse» aveva aggiunto lei, «anche giudice.» E avevano riso un altro po'.

Lei gli aveva raccontato del suo sogno di vivere vicino a un corso d'acqua cristallina e lui si era alzato – era letteralmente balzato in piedi. «Anch'io!» aveva detto con stupore.

Boo Boo mi stringeva la mano mentre mi raccontava tutto questo. «È stato come se avessi detto le parole che lui aspettava da una vita.»

Be', aveva detto lei, i sogni non costano nulla, e quando lui aveva gettato la carta del sandwich nel cestino ed era tornato in tribunale, i loro sogni erano diventati una cosa sola. Boo Boo riprese a bisbigliare. «Da allora stiamo facendo progetti. Sta cercando un posto.»

Adoravo quella storia. Dovevo essere sotto il suo incantesimo, perché le parole che seguirono non sarebbero mai uscite dalla vera Cammie: «Forse un giorno potrò avere anch'io il miglior minuto della mia vita, come te».

I suoi occhi andarono verso la cascata e oltre. «E quel minuto non è ancora finito.»

Ero così felice per lei. Mi sentivo onorata che me lo avesse raccontato. Mi sentivo come quando leggevo la lettera di Thomas Browne *Alla persona che amo di più*, nella Stanza dei Salami.

«E quindi lui viene a trovarti?» le chiesi.

«Tutti i weekend» rispose. «Non c'è niente che possa fermarlo.»

«E anche lui vuole sei bambini?» Stavo scherzando.

«Ne vuole dieci!» gridò lei, e scoppiammo a ridere.

Il fischio di mezzogiorno ci separò. Mi girai e le dissi: «Ma ricordati qual è la cosa più importante».

Lei si agitò in mezzo alla folla che usciva dal cortile, mi puntò un dito contro e gridò in modo che tutto il mondo sentisse: «Torta di patate dolci! Tu!».

Boo Boo non era mai stata così affettuosa, coinvolgente e cara. Dai guizzi scarlatti delle sue unghie ai suoi capelli selvaggi e alla sua risata esplosiva, tutto in lei reclamava un giusto paragone con la scialba cameriera imbronciata che stava nel mio appartamento. A ogni scalino verso casa, misurai l'una sull'altra. E quando raggiunsi la cucina ero giunta a un'incredibile conclusione: nonostante tutti i suoi pregi, Boo Boo non era materiale mammoso. Forse per i suoi sei o dieci figli, ma non per me. Fino a quel momento non mi ero nemmeno resa conto che l'orfana in cerca di mamma che viveva in me le stesse facendo un'audizione.

Questa consapevolezza ebbe l'effetto di ricordarmi tutte le mancanze di Eloda. E mi rese più agguerrita. Il giorno dopo, all'ora dei cereali, ero di nuovo al bancone della colazione, sullo sgabello. Diventavo sempre più nervosa. Riuscii a malapena a ingoiare l'ultimo boccone. Il cucchiaio restò sospeso sulla ciotola. Smisi di respirare, e ripresi quando sentii il tocco familiare sui miei capelli. Non poteva vedere che stavo sorridendo.

«Regola numero uno» disse.

«Niente incendi» risposi.

E la fredda crosta del nostro distacco si frantumò sul pavimento come ghiaccio tintinnante.

CAPITOLO TRENTANOVESIMO

Quello fu il giorno in cui Reggie si presentò sventolandomi una lettera sotto il naso e gridando: «Posta dai fan!».

Era un biglietto scritto a mano – matita, stampatello, carta a righe – da un ragazzo del Minnesota di nome Gary. C'erano quattro frasi. Una diceva: *Penso che tu sia la più bella ragazza che abbia mai visto!!!* E l'ultima: *Ti do voto 99!!!* (Il più alto punteggio a "Bandstand" era stato 98.)

Nessun compito di scuola era mai stato studiato più attentamente di quelle quattro frasi.

«*Pensa*?! Perché non ha scritto *sono sicuro*?»

«La più bella!»

«Che abbia *mai* visto!»

«Novantanove!»

«Tre punti esclamativi!»

La leggemmo in coro almeno dieci volte.

Analizzammo perfino la busta. Era stata mandata agli studios di "Bandstand", in Market Street a Filadelfia. E loro l'avevano inoltrata a Reggie.

«Adesso sei proprio come Tommy D, Justine e Bob!» esclamai. Lei fece: "Lo so" con la bocca e io capii che lo pensava da allora.

«E magari avrai il tuo fan club!»

«Lo so.»

Mi esaltai e sparai la cartuccia successiva più in alto che potei. «Magari perfino una rivista!»

Tombola. I suoi occhi si spalancarono. «Tu credi?»

«Certo, cavolo» le dissi. «L'anno prossimo a quest'ora potrebbero vendere una rivista tutta su di te...»

«... Una rivista per i miei fan...»

«... La venderanno all'edicola della stazione.»

«Al supermercato!»

Feci un ampio gesto. «Dappertutto! Da una costa all'altra!»

«Come "Seventeen"!»

Ci dovemmo fermare a respirare. A dare al futuro una possibilità di starci dietro.

Mi afferrò un braccio. «Come si chiamerà?»

«E me lo chiedi?» risposi. «"Reggie!" Con un punto esclamativo.»

Scrutò i miei occhi finché non vide la copertina. «"Reggie!"» sussurrò in tono solenne. E poi mi riafferrò il braccio, con più forza. «Ommioddio... Ommioddio...»

«Che c'è?»

«Sai che significa, vero?» Stava guardando oltre il biglietto di Gary, verso chissà dove.

«Cosa?»

«Dove ci porterà tutto questo.»

Le afferrai il braccio a mia volta.

Mimò la parola con la bocca dipinta di Rosa Passione. Non capivo. La scossi. «Dillo!»

E lei lo disse: «Broadway».

Mi unii a lei nella contemplazione del pezzo di carta tra le sue mani. E lo vidi anch'io, il lungo tunnel del tempo che attraversava montagne di lettere di ammiratori, passava accanto a edicole che esponevano "Reggie!" e a fan urlanti che si sporgevano per toccarla – e, alla fine del tunnel, un sipario di velluto che si apriva ondeggiando per rivelare… «Reggie Weinstein!»… in un vestito a balze, che cantava a squarciagola una canzone del musical *Oklahoma!*

La posta arrivava ogni mattina prima di mezzogiorno. Rinunciai alle mie mattinate in cortile. Per la successiva settimana, ci piazzammo regolarmente sul marciapiede davanti all'appartamento di Reggie nel West End, aspettando il postino con il fiato sospeso. Quando lo vedevamo girare l'angolo, gli correvamo incontro e lo tramortivamo di chiacchiere finché lui – si chiamava Bill – non arrivava a casa di Reggie.

Il carico del primo giorno consisteva di tre lettere. Una… due… tre… sentivamo arrivare il diluvio. Proposi di incorniciarle. Reggie obiettò molto ragionevolmente che non c'era abbastanza spazio sui muri dell'intero isolato per quello che stava per arrivare. Nel frattempo, aveva recuperato dall'immondizia nel cortile sul retro una scatola di cartone in cui era stato imballato il nuovo aspirapolvere della famiglia. Con un pennello e della pittura cancellò la scritta HOOVER e la sostituì con POSTA DEI FAN. Le arrivava al petto e la sistemò accanto al cassettone in camera sua.

Stavamo insieme mattina, pomeriggio e sera, per tutta la settimana. Se prima ero stata la sua bambola, adesso ero il suo pubblico, la sua testimone oculare. «Forse un giorno scriverai qualcosa su tutto questo» mi disse un pomeriggio da Scooper Dooper. Aveva scoperto dove si trovava New York e aveva preso l'abitudine di guardare in quella direzione con aria sognante, verso Broadway, come se fosse La Mecca. Lo stava facendo anche in quel momento, davanti a un gelato alla vaniglia con doppia salsa, sussurrando come in preghiera: «È nata una stella». Quella notte dormii da lei. E anche le due successive.

Il giorno dopo le tre lettere, ne arrivarono altre due. Poi nessuna – era domenica. Poi una. Poi nessuna. E nessuna. E nessuna. Eravamo sbigottite. Teorizzammo che ce n'erano troppe ad accatastarsi negli studios di Market Street. Le avrebbero portate tutte insieme, probabilmente con un camion. Chiedemmo a Bill se poteva esserci un errore. Magari si era sbagliato e le aveva consegnate a un altro indirizzo, tirandole fuori dalla sua sacca di pelle?

Ah, eravamo proprio delle novelline nel gioco della fama. Nel giro di una settimana il mondo di Reggie – e per estensione anche quello della sua amica, io – passò da essere un intero pianeta a un fagiolo.

A un certo punto smettemmo di aspettare sul marciapiede. Vacillavamo in una nebbia di incredulità. Rivedo il mio ultimo momento nella sua stanza. Guardo giù nella scatola della POSTA DEI FAN, che sembra molto più alta di un aspirapolvere. La luce a malapena raggiunge le sue profondità. Le buste – sette – non arrivano nemmeno a coprire il fondo.

CAPITOLO QUARANTESIMO

Tornai nel mio mondo per scoprire che il tempo mi aveva lasciata indietro. L'estate stava passando in un lampo. Era già agosto, il mese del mio compleanno.

Fuori dalla prigione stava accadendo qualcosa di nuovo. Dei dimostranti marciavano portando cartelli con su scritto cose tipo FRIGGETE BAKER e NESSUNA PIETÀ.

Dentro, c'erano due nuove detenute in cortile. E tre invece erano state rilasciate, inclusa Deena l'abbronzata. Per ricordo, aveva lasciato i suoi occhialini di plastica per terra. La loro superficie nera a forma di cucchiaino era rivolta verso il sole come sempre, quasi lei si fosse semplicemente dissolta e potesse rimaterializzarsi da un momento all'altro. Nessuno li spostò da lì.

Quando rientrai, Boo Boo era arrabbiata con me. «Dove sei stata?» chiese.

Le dissi di Reggie e della storia di "Bandstand" e delle lettere, ma lei mi tenne il broncio fino al fischio del pranzo, e poi per metà della mattinata successiva. Era silenziosa e accigliata. Rispondeva alle mie domande con dei grugniti. Quasi non la riconoscevo.

Per mostrarmi il suo disappunto, si rifiutò di sedersi con me sulla nostra panchina. Si mise a camminare avanti e indietro nella Stanza della Quiete. Mi fece una predica sulla vera amicizia. Continuava a tenere lo sguardo in alto, verso il cielo, al di là del soffitto di vetro, come se cercasse sollievo dalla mia vista. Passò una mano sotto la cascata, spruzzando gocce brillanti di sole sul pavimento sporco. Mi sventolò davanti un dito rosso e appuntito: «Non sorridi mai!». E quel giorno non disse altro.

Le sue parole mi punsero. Arrivarono fino al cuore della mia natura: non ero una persona felice. Era qualcosa su cui riflettevo di rado. Era semplicemente il mio stato normale, l'unico che conoscessi: il cielo è azzurro, l'erba è verde e Cammie O'Reilly non è felice. Certo, c'erano degli sprazzi: una risata con Boo Boo, il giorno in cui Reggie era andata a "Bandstand", le dita di Eloda sulla mia guancia... Andrew. Se qualcuno mi avesse visto in uno di quei momenti, mi avrebbe definita "felice". Ma quei momenti erano brevi. Sembravano arrivare solo quando mi pioveva addosso la felicità di qualcun altro. E quando quella pioggia finiva, mi ritrovavo bagnata e svuotata.

La felicità doveva venire a cercarmi. Non riuscivo a produrla da sola.

E adesso mi sentivo responsabile della felicità di Boo Boo, che rivaleggiava con Reggie per il posto di mia migliore amica. Mi inquietava che la mia assenza di una settimana fosse bastata a smorzare la sua indole esuberante. Ero – o lo era il mio sorriso – così importante per lei?

Il giorno dopo all'improvviso mi corse incontro come una furia. Mi gelai, pensando che mi volesse attaccare. Ma non c'era rabbia nei suoi occhi mentre si sedeva pesantemente accanto a me sulla panchina. Era paura. Mi strinse il braccio. «Hai sentito dello Sputnik?»

Sì, avevo sentito qualcosa. Era un affare chiamato "satellite". I russi lo avevano sparato nello spazio, e adesso faceva il giro intorno alla Terra come una luna della misura di un pallone da basket. Era tutto quello che sapevo, e glielo dissi.

Lei aggiunse altre informazioni. Lo aveva sentito alla radio – quella che mio padre aveva ordinato che fosse installata al centro del blocco delle donne. Dopo una votazione tra le detenute, era stata sintonizzata sulla WIBG, che trasmetteva musica rock più un notiziario ogni ora. Era del notiziario che Boo Boo voleva parlarmi. «Sono lassù» disse, guardando verso il cielo. «E ci guardano.» Mi fissò negli occhi. «Possono vedere tutto. Tutto!»

Era nervosa. Continuava a guardare verso il soffitto di vetro e a mormorare: «Sputnik...». Quando il fischio annunciò il pranzo, mi afferrò per le braccia. «Miss Cammie... di' a tuo padre che io sono pronta a essere rilasciata adesso. Mi hai sentito?» E poi, una volta dentro con il gruppo, e fuori dal mio campo visivo, gridò: «Diglielo!». Mentre uscivo dalla Stanza della Quiete, mi venne in mente che non profumava più di fragole.

Forse avrei empatizzato di più con le necessità impellenti di Boo Boo se non avessi dovuto affrontare le mie. L'estate lampo era ormai ridotta a poche settimane. Il 29 agosto i giorni della mia infanzia sarebbero bruscamente finiti. L'8 settembre sarei andata in terza media, il primo passo verso il terrificante mondo degli adolescenti. L'estate che era sembrata infinita minacciava di terminare prima che potessi risolvere il mio problema più grande. I miei sforzi di diventare figlia onoraria di Eloda Pupko erano altrettanto infruttuosi quanto lo erano stati a giugno. Mi convinsi di avere solo quelle ultime settimane estive per riuscirci. Una volta iniziata la scuola, sarei stata in classe tutto il giorno. Non avrei più avuto il tempo e la libertà di concentrarmi sull'obiettivo.

La mia impazienza derivava anche da un'altra cosa. Quando avevo visto il carico d'amore che Andrew riceveva da sua madre, non lo avevo affatto invidiato. Anzi, l'opposto. Quell'esperienza mi aveva dato un assaggio ravvicinato e diretto di quello che mi stavo perdendo. E adesso lo volevo più che mai.

Ma ci avevo provato per tutta l'estate. Avevo cercato di mostrarmi bisognosa di attenzioni per spingerla a farmi da mamma. Avevo cercato di essere adorabile, amabile, grata. Le avevo regalato un diario. L'avevo chiamata "mamma". Se tutto questo non era riuscito a smuoverla, cosa avrebbe potuto farlo? Che altro potevo inventarmi?

Niente, come scoprii in seguito. Perché era la vita, non io, che stava scrivendo la mia storia. Quando sei dentro la tua storia, non vedi le cose come se fossi un lettore. Non vedi la vita suddivisa in paragrafi e capitoli ordinati. Vedi solo un gran miscuglio – no, nemmeno. Non vedi, e basta. Senti. E anche in quel caso, sono soprattutto sentimenti di basso livello, la piatta malinconia della routine, il quotidiano. E prima o poi i sentimenti si impennano. La noiosa pozza diventa un torrente in piena. E la vita scrive di te in corsivo.

Guardandomi indietro, è questo che vedo negli ultimi giorni di quell'estate del 1959: io che cado nel torrente senza poterci fare nulla. Non posso deviare. Non posso prendere il controllo. Non posso resistere.

Ma adesso, mezzo secolo dopo, sono io che reggo la penna. E devo decidere come cominciare le pagine finali della storia, il climax, se vi piace chiamarlo così. Era a tutti gli effetti, anche con il senno di poi, un gran guazzabuglio. Perciò, diciamo che la fine iniziò il giorno in cui Boo Boo mi raccontò dello Sputnik e mi gridò: «Diglielo!».

Diciamo che iniziò mentre risalivo in casa come ogni giorno e sentii bussare e aprii la porta e mi ritrovai davanti una Reggie ringalluzzita e raggiante che mi sventolò in faccia un'enorme fotografia patinata in bianco e nero.

CAPITOLO QUARANTUNESIMO

Era la foto di Marvin Edward Baker. Con la camicia dal colletto rialzato, occupava tutto lo spazio di venti per venticinque centimetri. Non sorrideva. Aveva bisogno di radersi. Non si sforzava di sembrare buono. Era semplicemente capitato per caso nella stessa stanza con una macchina fotografica. I suoi capelli neri erano più modellati che pettinati, come se gli fossero stati spalmati in cima alla testa con la cazzuola.

«Dove l'hai presa?» chiesi.

«Sul "Times Herald"» rispose. «Puoi fare delle copie ingrandite. L'ho pagata mezzo dollaro. Mio padre lo fece una volta con una mia fotografia.»

La guardai storto. «Un assassino. Hai pagato cinquanta centesimi per la foto di un assassino.»

Il modo in cui guardava quell'immagine era sinistramente vicino all'affetto. «Non è un assassino qualsiasi.»

«Sei malata» le dissi.

«La farò incorniciare!» cinguettò, ignorandomi.

Immaginai i muri della sua stanza, coperti di fotografie incorniciate – ritagliate soprattutto dalle riviste – degli ospiti abituali di "Bandstand" e delle stelle del cinema.

«Lo dirò ancora una volta» dissi. «Lentamente. Lui. È. Un. Assassino.»

Mi sorrise con grande pazienza, come se fossi una mocciosa. «Se uno è famoso, è famoso» replicò.

In un certo senso capivo cosa stava succedendo. L'obiettivo dei suoi sogni non era mai stato davvero "Bandstand" o Broadway o il cinema. Era la fama. Fama nuda e cruda. E se la fama non fosse andata a lei, allora lei sarebbe venuta alla fama. In questo la mia amica Reggie, a quanto pareva, non era originale. Non osai raccontarle quello che mio padre mi aveva rivelato di recente, e cioè che il più famoso criminale della contea di Hancock stava ricevendo lettere dai suoi fan.

Mi tese la fotografia.

«Non darla a me» dissi.

«Voglio l'autografo» disse lei.

«Cosa? E perché vorresti il mio...» E poi capii. «Oh, no.» Allontanai la sua mano con uno schiaffo.

«Camm-ieee» cantilenò. «Gliela devi solo far arrivare. Digli di scriverci: *A Reggie Weinstein, con affetto.* Solo questo. Questo e il suo nome, ovviamente.»

Cominciai a ridere, scuotendo la testa. Non mi veniva la parola. «Cos'è più grave di *malata*?»

Ci pensò per un attimo. «Grottesca?» rispose, rendendosi utile.

«Sì. Sei grottesca.»

Si lasciò cadere sul divano. Si guardò intorno. Si rimise in piedi di scatto. Corse in cucina e tornò con un piattino. Dalla cintura sotto la camicetta tirò fuori un pacchetto di sigarette verde. Fece apparire anche una scatola di fiammiferi e se ne accese una proprio lì nel mio salotto. Poi buttò il fiammifero spento nel piattino.

«Lo sapevo» dissi.

«Va bene» disse lei. «Sono malata. E grottesca.» Mi diede la fotografia. «Tu però mi fai avere il suo autografo? Un minuscolo favore per la tua migliorissima amica del cuore?»

In verità non ero scioccata dalla sua richiesta. Siccome vivevo all'interno delle mura della prigione, la gente credeva sempre che potessi incontrare i detenuti più liberamente di quanto accadesse in realtà. La gente sembrava pensare che scorrazzassi là dentro a mio piacimento e giocassi a carte con loro nelle celle.

«Reggie» le dissi, «è in isolamento. Nemmeno gli altri detenuti possono vederlo.»

Fece un tiro di sigaretta. Gonfiò le guance. Trattenne il fumo come un adulto che assapora del vino. A quanto pareva non aveva ancora imparato a inspirarlo. Quando aprì la bocca con un lieve *puuuf*, il fumo sembrò venire fuori riluttante e indugiare intorno alla sua faccia. Lei giunse le mani in preghiera. «Per favooore.»

Fu allora che notai che aveva in mano anche una penna. Ma non la sua inseparabile radiolina. «Dov'è la tua radio?» le chiesi, cercando di cambiare argomento.

Le ci volle un momento per registrare la mia domanda. «A casa» rispose distrattamente. Il che provava quanto fosse fissata con quella fotografia. «Ma tu conosci *tutti* qui. Tuo padre è il *direttore della prigione.*» Mi stava implorando.

Stavo annaspando in cerca della prossima difesa, quando Eloda entrò in salotto con un cuscino in mano. Aveva cambiato le lenzuola del mio letto, perciò doveva essere un mercoledì. Si piantò davanti al divano. Mi ignorò. Guardò Reggie. «Portala fuori.»

Reggie soffiò una nuvoletta. Tirò su col naso con sussiego. «Sono grande. Posso fumare, se voglio.»

«Non in casa mia.»

Di sicuro Reggie era sconvolta come me nel sentire che un prigioniero di fiducia si riferisse al mio appartamento come a casa sua. Ero al settimo cielo. Il punto di vista di Reggie, ovviamente, era diverso.

Picchiettò la sigaretta sul piattino per scrollare la cenere, con naturalezza. Guardò con insistenza il cuscino. «Be', ho una notizia per te. Questa non è casa tua.»

Vidi la mascella di Eloda serrarsi. I pugni stringersi sul cuscino. Non saprò mai cosa sarebbe successo dopo, perché afferrai la sigaretta di Reggie e la spensi. «Sì, lo è» dissi.

Che cosa volevo dire, esattamente? Non ne ero sicura nemmeno io. Ma le parole erano venute fuori, nella stanza, reali come il nastro di fumo che saliva dal piattino.

E poi Eloda si girò di scatto e tornò nella mia stanza. Afferrai il piattino e lo portai in cucina. Lo pulii, lo asciugai e lo rimisi nella credenza.

Sarei dovuta tornare in salotto, a quel punto. Ma non lo feci. Fu quello il mio errore. Andai in camera mia. Il perché, non lo so. Per non tornare subito da Reggie? Per ricevere la gratitudine di Eloda per averla difesa?

Se era quello il motivo, rimasi delusa. Eloda era tornata nella sua solita modalità professionale, tutta lavoro. Mi ignorò. Afferrai l'altro lato del lenzuolo che stava sistemando sul materasso, con l'intenzione di aiutarla. Si fermò. Sbuffò di disappunto. Si mise una mano sull'anca. «Signorina Cammie. Chi è la cameriera qui.» Non era una domanda.

Quando tornai in salotto, Reggie se n'era andata. Ne fui sollevata. Sperai di non dover più sentire altro sulla sua infatuazione per Marvin Edward Baker. Intanto si era fatto mezzogiorno. Mi accorsi di essere affamata. Ancora oggi rabbrividisco al pensiero di quello che sarebbe potuto succedere se non fossi andata in cucina.

CAPITOLO QUARANTADUESIMO

Fu tutta colpa di Gonzalez.

Nel 1909 un detenuto di nome Gonzalez, nella prigione di stato in California, fu mandato in isolamento. Dopo una settimana, non ne poté più. Ratti. Nessun contatto umano. Niente luce del sole. Stava impazzendo. Perciò cominciò uno sciopero della fame. Quindici giorni dopo, gli amministratori della prigione accolsero le sue richieste. Gonzalez ebbe il permesso di tornare nella sua cella. Ed era diventato famoso.

I giornali avevano diffuso la storia della cella di isolamento in cui i detenuti si ritrovavano le gambe coperte dai morsi di ratto e non sentivano mai la voce di un altro essere umano. *Punizione crudele e inusuale,* strillavano i titoloni.

L'isolamento era una cosa nuova tanto per mio padre che per il suo famoso prigioniero. La prigione della contea di Hancock aveva un "buco" per questo scopo

– una tristissima cella sotterranea di due metri e mezzo per due metri e mezzo – ma nessuno ricordava quando fosse stata l'ultima volta che aveva ospitato un detenuto. Non si trovava nemmeno la chiave della porta. Era un disastro, buona nemmeno per i ratti.

Mio padre però aveva previsto quello che stava per accadere e quando Baker arrivò, il "buco" era il fiore all'occhiello della prigione. Pulito. Disinfestato. Dipinto di fresco. Una porzione di muro di quaranta centimetri per quaranta era stata abbattuta e chiusa con delle sbarre di ferro. Luce naturale! Un letto nuovo. Un nuovo vaso da notte. Una chiave nuova. Ogni mattina arrivava una copia del giornale "Times Herald". Le guardie avevano ricevuto l'ordine di chiacchierare con Baker ogni volta che gli portavano i pasti.

Sebbene mio padre credesse in un trattamento umano per tutti i prigionieri, non fu per questo che prese quelle decisioni. Mise Baker in isolamento semplicemente per mantenerlo vivo e in salute (oggi si chiama custodia protettiva). Il crimine di Baker era così indicibile che mio padre temeva che l'assassino non sarebbe sopravvissuto un giorno in cella con gli altri.

L'isolamento, le "comodità": tutto era predisposto per consegnare alla giustizia un imputato in grado di affrontare una giuria in tribunale. Il direttore della prigione non voleva nessuno sciopero della fame sotto la sua giurisdizione.

Perciò Baker faceva una bella vita per essere un detenuto – per lo meno finché restava dentro. Ma come fargli prendere una boccata d'aria fresca? Per settimane mio padre aveva cercato la risposta. A mia insaputa, l'aveva trovata poco prima che Reggie si presentasse a casa nostra con quella fotografia e una penna a sfera...

Mentre andavo in cucina per prendere il burro di arachidi dalla credenza, per caso gettai uno sguardo fuori dalla finestra. Se i miei occhi fossero stati una gola, mi sarei strozzata. Reggie era giù, davanti al recinto di metallo. Nel cortile c'erano due guardie armate. In fondo al cortile, vicino al muro che dava su Marshall Street, un uomo vestito di jeans camminava lentamente avanti e indietro. Non c'era bisogno che mi dicessero che quello era Marvin Edward Baker. Quella era, come avrei appreso più tardi, l'ora d'aria giornaliera di Baker. In cima al muro, Jim era fuori dalla torretta, in allerta.

Rimasi ferma alla finestra, incapace di credere a ciò che stavo vedendo: una ragazzina sexy in pantaloncini corti, apparentemente delle superiori, che passava una fotografia a una guardia armata attraverso lo spazio tra il cancello e il recinto... la ragazza che muoveva le spalle mentre diceva qualcosa alla guardia che non riuscivo a sentire... il prigioniero in fondo al cortile che si fermava a guardare... che si avviava verso il recinto... la seconda guardia che si faceva avanti... Jim sulla torretta che sollevava il fucile...

Mi precipitai fuori dalla porta e giù per le scale. Tirai via Reggie dal recinto e gridai alla guardia stupita: «Dammela!». Lui mi consegnò la foto. Spinsi Reggie su per le scale fino in cucina, e sbattei la porta.

«Ma che diavolo pensavi di fare?»

Lei mi guardò con la sua solita aria alla *qual-è-il-problema*. «Avere un autografo su questa fotografia.» Allungò una mano per prenderla.

«Te lo puoi scordare.» Strappai la foto in mille pezzi e li feci volare per tutta la cucina.

Lei fissò il pavimento, sbattendo le sue lunghe ciglia. Pensai che potesse mettersi a piangere, ma mi sorprese. Sorrise. Fece un'alzata di spalle. Mi puntò la penna davanti al naso e disse in tono spensierato: «Un altro mezzo dollaro, un'altra fotografia». Uscì dalla cucina e da casa mia.

Cinque minuti più tardi, avevo appena raccolto i pezzi di carta quando sentii molti passi sulle scale principali, e molti pugni che bussavano alla porta. Sapevo che erano le Galeotte. Quando andai ad aprire, urlarono tutte insieme: «Battaglia a palle di neve!».

CAPITOLO QUARANTATREESIMO

Sull'altra sponda del torrente, sulla West Elm Street, c'era la Ghiacciaia. Una baracca di legno verde in cui un tempo si vendeva il ghiaccio a chi possedeva una cassa termica, antenata del frigorifero, e ora invece fornisce blocchi e cubetti di ghiaccio a ristoranti, aziende di catering e feste private – e all'ambulante delle bibite. Per lo più ignorata dai ragazzini in inverno, la Ghiacciaia diventava allettante nei mesi estivi perché sul retro si potevano sempre trovare, anche in agosto, montagnole di ghiaccio frantumato, simile a neve, come se gennaio avesse lasciato tracce di sé.

Nel giro di due secondi stavamo scorrazzando in Airy Street. Reggie era con noi. Aveva incontrato la banda mentre se ne andava da casa mia. Non diede a vedere che tra noi c'era stato uno screzio.

A un certo punto le ragazze girarono a destra. Era il percorso più ovvio per andare verso Elm Street. Ci avrebbe portate dritte tra la Oak e la Cherry. All'Angolo. Mi sentii improvvisamente triste, fiacca, come se le mie ossa si fossero tramutate in acqua. Non riuscivo quasi a muovermi. Dissi: «Ehi, non da questa parte, voglio passare sul ponte». Nessuno si oppose. Era sempre un gran divertimento sputare sulle macchine che passavano sotto il ponte di Airy Street. Certo, sapevano tutte che mia madre era stata uccisa da un furgoncino del latte quando eravamo piccole, ma non sapevano dove fosse successo esattamente. Non sapevano dell'Angolo e della mia paura infinita di avvicinarmici.

Quando arrivammo alla Ghiacciaia fummo felici di vedere che il mucchio di ghiaccio era intatto: eravamo i primi ragazzini a giocarci, quel giorno. Iniziammo subito la guerra: grida, lanci, schivate, inseguimenti. Soprattutto grida. Le nostre mani si fecero subito rosse. Ci succhiammo le dita fredde e bagnate per riscaldarle. Gli impiegati della Ghiacciaia ci ignorarono.

Non eravamo certo senza cervello come poteva sembrare. Il terreno sul retro della Ghiacciaia terminava bruscamente in un burrone di sei metri sopra i binari del treno. Non c'erano reti di protezione. Nessun cartello con scritto: PERICOLO. Nessuno che ci gridasse: «State attente!».

Eravamo a metà del mucchio di neve quando sentimmo il rombo. Era lieve, e proveniva da est. Cinque anni prima avremmo riconosciuto subito il rumore della locomotiva a vapore. In quel momento ci vollero alcuni istanti per capire che era in arrivo il treno nuovo, con il motore diesel. Ci dimenticammo subito della battaglia tra noi. Ci mettemmo a modellare palle freneticamente. Ne portammo a bracciate sul ciglio del burrone, appena in tempo per vedere il muso di ferro piatto comparire dietro la curva tra la Elm e la Astor. La terra tremava sotto i nostri piedi.

Quel treno era infinito. Vagoni per il trasporto del carbone. Vagoni merci. Fummo costrette a tornare al mucchio per rifornirci di munizioni. Eravamo spietate. Nessun vagone sferragliò verso il parco senza beccarsi una patacca bianca. I vagoni finali non ebbero scampo.

C'è sempre qualcosa di magico nel silenzio che segue la scia di un lungo treno. Sembra una fine e un inizio, allo stesso tempo – o forse un'attesa, una domanda. Come se il treno gridasse: "Ecco, quello ero io. E tu, in che modo ti fai sentire?".

Forse fu per quello che lo dissi. Non lo avevo programmato. Davvero, non ci avevo nemmeno pensato su. Non stavo contando i giorni, al contrario di tanti altri ragazzini. Non avevo fretta di crescere. Ma loro erano là, e le parole vennero fuori dalla mia bocca: «Ehi, ragazze, ci venite alla mia festa di compleanno?».

Grida di entusiasmo esplosero dal ciglio del burrone.

E sorpresi di nuovo me stessa: «E a un pigiama party!».

Mentre strillavano e mi bombardavano con le ultime palle di neve, mi venne in mente che era la prima volta che rendevo un gruppo di persone così felici.

CAPITOLO QUARANTAQUATTRESIMO

Durante la lunga camminata fino a casa, quel giorno, cercai di capirci qualcosa. Non avevo mai fatto una festa di compleanno. Non ne avevo mai desiderata una. Mio padre di solito mi portava a una partita dei Phillies. Ora non solo organizzavo una festa, ma anche un pigiama party. (Non mi venne mai in mente che mio padre potesse negarmi il permesso.) Certo, capivo come mai alle Galeotte piacesse l'idea di dormire in una prigione. Il brivido che dava. La cosa interessante di essere amiche della figlia del direttore. Ma in quel momento, inaspettatamente, ero tentata di pensare che non fosse solo quello a interessarle. Cominciavo a credere che fossi anche io.

Me stessa.

Cammie O'Reilly.

Mentre mi avvicinavo alla prigione, vidi che i dimostranti stavano ancora sventolando i loro cartelli. Ne notai uno nuovo: PROSSIMA FERMATA: ROCKVIEW. Mi ricordai quello che, secondo le parole di Reggie, Marvin Edward Baker pareva avesse detto: «Non andrò mai a Rockview».

Avevo attraversato la Reception per metà quando fui fermata dalla voce della signora Butterfield, la segretaria di mio padre. «Signorina Cammie?» Aveva qualcosa in mano. Sembrava della carta, ripiegata tante volte fino a diventare della misura di un accendino. Non me la diede. Me la mostrò soltanto. Ero perplessa. Disse: «È da parte di Evelyn Dunbar». La signora Butterfield chiamava sempre i detenuti con il loro vero nome. Evelyn Dunbar era Boo Boo. «Lo ha dato a Willard» – una delle guardie – «dicendogli di darlo a me. In modo che lo dessi...» sorrise, mentre lo allungava sulla scrivania... «a te.»

Lo presi e salii fino all'appartamento. Lei mi gridò dietro: «Non lo ha letto nessuno!».

Era un'allusione alla procedura regolare di leggere e censurare tutta la posta dei detenuti, sia in entrata sia in uscita.

La carta che spacchettai conteneva due cose: un biglietto e una piccola busta. Il biglietto era per me. Era scritto a matita in grossi caratteri stampatello:

CARA MISS CAMIE, PEFFAVORE METI QUESTO SULA PANCHINA PER DELANSY.

La busta era sigillata. Si capiva che dentro c'era un biglietto. Mi chiesi di cosa si trattasse. Era qualcosa sul posto vicino all'acqua cristallina che Delancy stava cercando? O sul matrimonio? O semplicemente roba sdolcinata tra innamorati? Mi chiesi il perché di quella complicata manovra. Non poteva dirglielo quando andava a farle visita nel weekend? Ero troppo giovane per capire che lasciare un biglietto su una panchina era molto più romantico che parlarsi nell'area visitatori della prigione della contea.

Immaginai che la panchina in questione fosse quella leggendaria nei giardinetti del tribunale. Immaginai che Delancy andasse ancora lì per il pranzo. Il giorno dopo arrivai alla panchina alle undici e mezzo. Appiccicai il biglietto alla panchina con lo scotch. Restai lì di guardia come una mamma chioccia.

A quei tempi la strada principale era attraversata dal ponte della linea veloce della ferrovia che portava a nord. Al centro del ponte c'era un enorme orologio decorato con i numeri romani – l'orologio della città. Me ne andai quando segnava le undici e cinquanta.

Salii gli scalini di marmo fino alla terrazza del tribunale che dava sui giardinetti. Mi appoggiai alla balaustra. Da lì potevo controllare il cestino della spazzatura, la panchina, il biglietto bianco. Vidi i primi impiegati in pausa pranzo che uscivano dall'edificio. Sentii il fischio del birrificio sulla città. Uscirono altre persone… e lì mi girai bruscamente e me ne andai. Il mio desiderio di dare una sbirciatina al fidanzato di Boo Boo fu cancellato dall'impressione che stessi ficcanasando. Avevo fatto il mio lavoro: ora dovevo dileguarmi e lasciar fare agli dei dell'amore.

CAPITOLO QUARANTACINQUESIMO

«Lo hai visto?»

Una domanda semplice. Fu la prima cosa che Boo Boo mi disse quando la incontrai il giorno successivo. Mi trascinò nella Stanza della Quiete. Mi fece sedere sulla panchina, si piazzò davanti a me e ripeté: «Lo hai visto?».

Mi ero aspettata domande ansiose sulla busta e il biglietto. Quella domanda non c'entrava niente. «Visto cosa?» chiesi.

«Lo Sputnik.» Sottolineò la parola con un colpetto sulla spalla che risultò appena troppo forte.

Che cosa aveva a che fare il satellite russo con il biglietto per Delancy? Ero confusa. Riuscii solo a dire: «Eh?».

Mi strizzò un braccio. «Ti avevo detto di cercarlo. Si vede solo di notte. Io sono rinchiusa qui dentro. Ti avevo chiesto di alzare la testa e cercarlo.»

Non riuscivo proprio a ricordare che mi avesse chiesto

una cosa del genere. Il mio impulso fu quello di chiedere: «Davvero? E quando?». Un secondo pensiero mi spinse a darmi la colpa con un: «Mi dispiace, l'ho dimenticato».

Mi preparai a un altro pugnetto. Non arrivò. La sua espressione cambiò. Batté le palpebre come se cercasse di ricordare chi fossi. Il suo intero corpo diceva: "Sono ferita". Andò fino alla cascata. Rimase lì per diversi minuti, con la mano sotto il getto dell'acqua. Mi sentii malissimo. Avrei voluto schiaffeggiarmi. Mi aveva chiesto un semplice favore. E io l'avevo ignorata. Che bella amica ero.

Dissi: «Lo faccio stasera. Giuro».

Non sembrò avermi sentito. Rimase ancora un po' vicino alla cascata, accarezzando le lunghe foglie verdi che crescevano lì accanto. Quando si girò di nuovo verso di me, era tornata la Boo Boo di sempre. Mi puntò un dito contro: «Non stai rubando nei negozi, vero?».

Resistetti alla tentazione di sottolineare che era stata lei stessa a istruirmi su quell'arte. «Nossignora» risposi, sollevata che fossimo lontane dall'argomento "Sputnik".

Annuì con vigore, l'aria di una mentore con la sua discepola. «Bene.» Si sedette accanto a me. «Non voglio che ci caschi.»

«Nossignora.»

Rise. «Che cosa direbbe tuo padre?»

Ridemmo insieme.

E poi diventò silenziosa. Restammo lì sedute per dieci minuti senza che dicesse una parola. Non riuscii a decifrare quel comportamento. Non sembrava triste né arrabbiata né, come suo solito, felice. E nemmeno incontenibile. Era quella la parola. Boo Boo – Evelyn

Dunbar – era incontenibile. C'era sempre la sensazione che le cose – parole, sentimenti, risate – stessero sempre in competizione dentro di lei per essere le prime a saltar fuori. E ora accanto a me sentivo... il vuoto. Il vuoto in una persona così non è mai piccolo. È enorme.

Ero persa. Sulla conversazione ero abituata a Boo Boo che prendeva il comando. Mi chiesi perché si stesse comportando in quel modo. Era successo qualcosa di brutto tra lei e Delancy? Il biglietto nella busta non era pieno di paroline dolci e felici? Era un biglietto da "perdonami" o da "facciamo pace"?

Il silenzio, la tensione, diventarono troppo per me. Le allontanai da me. «C'è un ragazzo a cui piaccio.»

Di nuovo, sembrò non avermi sentita. Poi si girò, solo con la testa. Mi guardò dall'alto in basso. «Un cosa?» chiese.

«C'è un ragazzo a cui piaccio.» Questa volta le parole non uscirono tanto facilmente.

Lei batté le palpebre. Mi fissò. «Piaci a un ragazzo?»

«Sì» dissi. «Be', penso di sì. Non che abbia tanta esperienza in materia.» Feci una risatina nervosa. Lei no. «Comunque, insomma, mi ha accompagnata a casa dopo i fuochi del quattro luglio...»

Cominciai a blaterare di Danny Lapella. Scoprii che mi fomentava il fatto di dipanare i miei sentimenti ingarbugliati in pensieri e parole e tirarli fuori, oltre le mura del mio essere, come un gomitolo su Marshall Street. Continuai a blaterare anche per tenere lontano quel silenzio imbarazzante, per tenere viva l'attenzione di Boo Boo, incatenata al qui e all'ora, su di me.

Non funzionava. Il suo sguardo non smetteva di vagare dalla mia faccia alla stanza alla cascata. Continuai a parlare, cercando di riconquistarla. Quando esaurii l'argomento Danny Lapella, saltai a Reggie e a "Bandstand" e alle lettere dei fan e alla battaglia di palle di neve alla Ghiacciaia e al mio sogno di giocare con i Phillies. Mi lanciai in gesti esagitati e risate. Saltai giù dalla panchina per farle vedere come ero andata di corsa contro il piccolo Benny House, cosa che all'improvviso trovavo divertente. Ero quasi a corto di argomenti quando lei voltò la testa verso di me e – *clic!* – avevo di nuovo lo sguardo acceso di Boo Boo su di me. Chiusi la bocca. Si diede uno schiaffo sul ginocchio ed esclamò: «Scooper Dooper!».

Ricordai il nostro piano. «Sì!» risposi, cercando di replicare il suo entusiasmo. «Ci andremo. Appena ti rilasciano.»

Mi guardò con affetto. Annuì. «Giusto. Ma sai una cosa?»

«Cosa?» chiesi.

«Voglio che tu ci vada adesso.»

Non la seguivo. «Ma tu sei ancora qui» le feci notare.

Mi guardò negli occhi. Mi prese entrambe le mani nelle sue. «Vuoi bene a Boo Boo?»

Questa era la giornata delle stranezze. "Voler bene" non era un concetto che usavo molto. Amavo le torte di Carl o l'odore di pelle ingrassata del mio guantone da baseball quando lo tiravo fuori dalla sua scatola, ogni primavera. Ma non amavo le persone. Persone vive.

Deglutii e tirai una palla veloce al centro. «Certo» dissi.

La mia risposta la rese felice. Stava ancora sorridendo quando chiese: «Sai cos'è una delega?».

CAPITOLO QUARANTASEIESIMO

«No» risposi.

Lei mi spiegò che una delega è quando qualcuno viene autorizzato ad agire per conto di qualcun altro. Con una delega, qualcuno potrebbe sostituirti nel voto o in altro. O firmare dei documenti al posto tuo. È come se chi ha una delega avesse il permesso di recitare la tua parte.

«Sembra come nel baseball, quando sostituisci il battitore» dissi.

Lei diede una manata alla panchina. «Esatto! Vuoi battere al posto di Boo Boo?»

«Certo» risposi. «Che cosa devo fare?»

Me lo disse. Voleva che andassi da Scooper Dooper. Voleva che ordinassi una banana split. Tutte e tre le palle al cioccolato. Noci caramellate. Cioccolato caldo. Panna extra. Quattro ciliegie. Una per ogni palla, più una. Niente ananas. «E poi» disse, e si girò completamente verso di me sulla panchina, mentre la sua voce diventava bassa e solenne, «ti siederai là, al tavolo vicino alla vetrina. Hai capito quale?»

Annuii. «Sì.»

«... Di fronte alla finestra, in modo da vedere le persone che passano...» Attese.

«Capito.»

«... E poi ti mangerai tutta la banana split. Solo...» mi diede un colpetto, «che non sarai tu, in realtà, ma io.» Si accorse che facevo fatica a seguirla. «Ascolta, miss Cammie...» Mi prese la mano. La mise sul mio cuore, poi sul suo. «C'è amore tra me e te. Un ponte d'amore.»

Le strinsi la mano, che sembrava grande come un guantone da baseball. Mi piaceva la differenza tra le nostre dita – le sue laccate di rosso e femminili, le mie tozze, mangiucchiate e sporche. «Mi piace» dissi.

«E quel ponte d'amore ci rende sorelle. Capisci?»

Annuii. «Capisco.»

«Perciò tu sei me, e io sono te.» Si accigliò. Forse perché era un'idea strana. Però poi rise per scacciare quell'ombra. «Mi segui?»

«Ti seguo.»

«Perciò quando sarai lì a mangiare la banana split...» fece una pausa, come se cercasse di mettere in ordine i pensieri, «... la mangerai e lei finirà...» mi diede un colpetto «... dentro di te, ma chi la starà assaporando...» si diede un colpetto «sarò io.» Piegò la testa di lato. «Mi stai ancora seguendo?»

«Sì» risposi, anche se non era vero per niente.

Distolse lo sguardo verso qualcosa che non potevo vedere. Sembrò rasserenarsi. «Miss Cammie, mentre tu mangerai la banana split, sarà come se io fossi uscita di qui… senza uscire.»

Ci fissammo, zittite dalla meraviglia di quel concetto.

Mi toccò con un dito laccato di rosso. «E non pensare di potermi fregare, ragazzina. Se non ficcherai quattro ciliegie in quella tua bocca, io me ne accorgerò.»

«Non ti preoccupare» dissi. «Farò tutto per bene.»

Tirò uno schiaffo alla panchina. «Funzionerà. Lo sento.» Si chinò verso di me. «Sai perché?»

«Perché?» chiesi.

Si afflosciò. «Miss Cammie…» disse con esagerata delusione. «Te lo avevo già spiegato. Funzionerà perché…»

Attese che finissi la frase. Non ci riuscivo. Ero in vacanza, l'ultima cosa che volevo era un esame a sorpresa. «Perché…?» la incalzai.

Mi prese la faccia tra le mani. Pronunciò una sillaba: «Un… un…».

Gridai: «Un ponte d'amore!».

Mi diede un bacio sul naso e mi soffocò con un abbraccio. «Solo due persone unite da un ponte d'amore possono farlo.» Mi strinse. «Delega.»

Annuii. «Delega.»

«Sorelle.»

Guardai in alto verso di lei. Mi persi nei suoi occhi. «Sorelle.»

Sorelle.

Quella parola restò tra noi mentre partiva il fischio del birrificio. La ornammo con una spruzzata di *lofarai?* e *certochesì* e *quattrociliegie!* mentre lasciavamo la Stanza della Quiete. Esternai un pensiero che mi stava punzecchiando: «Boo Boo» chiesi. «So che sarai tu a mangiare la banana split, ma posso tenerne un pezzettino per me?» Ricordo che si sbellicò troppo dalle risate per rispondermi.

Ero al cancello sul retro del cortile quando mi ricordai una cosa che volò fuori dalla mia bocca. «Boo Boo!» gridai. «Ho lasciato il bigliettino!»

Ma lei stava già rientrando per il pranzo, torreggiando sulle altre come sempre. Sperai che mi avesse sentita.

CAPITOLO QUARANTASETTESIMO

Questa volta non avrei sbagliato. Mi ero dimenticata di cercare lo Sputnik, ma non mi sarei dimenticata di Scooper Dooper.

Non mi presi nemmeno la briga di mangiare il pranzo che Eloda mi aveva preparato. Afferrai cinque dollari dalla scatola di sigari vuota in cui tenevo i miei risparmi e partii in bicicletta verso il West End.

Era una tipica giornata di agosto della valle del Delaware: calda e umida. Andavo talmente di fretta ed ero così presa dalla mia missione che non mi accorsi di aver imboccato Oak Street, finché non fui a metà isolato tra la Oak e la Cherry. L'Angolo. Feci una rapida inversione a U e schiacciai il pedale che stava dietro. Le ruote sgommarono. Il pedale sinistro grattò l'asfalto e inchiodò la mia caviglia alla strada. Sentii stridere i freni di una macchina. Alzai lo sguardo… e mi ritrovai davanti l'inconfondibile griglia a muso di toro di una Studebaker. Mi raddrizzai, farfugliai un: «Mi scusi!» al guidatore spaventato e me la filai alla svelta. Qualcuno con degli scarponi mi stava inseguendo... sentivo i tonfi... no... era il mio cuore.

Non rallentai finché non fui sulla Marshall, e poi mi diressi di nuovo a ovest. Il battito tornò normale nel giro di un paio di isolati. Facevo respiri profondi. Fui contenta del caldo soffocante. Mi rituffai nella mia missione.

Non potevo fingere di capire tutta quella storia sulle deleghe che mi aveva spiegato Boo Boo. Si era rivelata una persona molto più complicata del gigante gioioso che avevo conosciuto nel cortile. Ma il ponte d'amore era un'altra storia. Quella la capivo. E ci credevo.

Parcheggiai la bici davanti a Scooper Dooper. Aprii la porta a vetri. La campanella trillò – e le cose cominciarono a cambiare. Sì, ero io che entravo in una gelateria. Io che camminavo verso il lungo bancone bianco. Io che superavo gli sgargianti tavolini di formica bordati d'acciaio, qualcuno vuoto, qualcuno con dei clienti che affondavano i cucchiaini nelle loro delizie. Io che mi piazzavo davanti allo squadrone di vaschette. Io, sì... ma non ero solo io. Qualcos'altro, una presenza eterea come immaginavo potesse essere quella di un angelo, era accanto a me. Era dentro di me. Come una linea telefonica condivisa, qualcun altro era là – qui – e guardava attraverso i miei occhi, concentrato sulle gelide montagnole i cui gusti si indovinavano dal colore.

«Una banana split, per favore» dissi all'uomo col cappellino bianco a forma di lacrima.

Recitai la lista, lentamente, con attenzione: tre palline di cioccolato... noci caramellate... cioccolato fuso... doppia panna...

«Ananas?» chiese lui.

«No!» risposi. «Ciliegie. Quattro.»

Mi guardò in modo strano, ma ubbidì. Pensai che volesse farmi pagare di più per tutte quelle richieste, ma mentre metteva l'ultima ciliegia nella panna, fece un passo indietro per ammirare la sua opera. Il suo sorriso compiaciuto passò dalla banana a me. Per poco non dissi: "Non è per me". Mostrando rispetto, o forse invidia, spinse il capolavoro sul bancone. «Ottanta centesimi» disse.

Una mamma con due bambini si stava proprio alzando dal tavolo vicino alla vetrina. Mi affrettai in quella direzione.

«Ragazzina...» Il signore al bancone mi stava chiamando.

Mi girai.

Stava indicando: «La caviglia».

Guardai. Il sangue stava impregnando il calzino. La caduta dalla bici. La Studebaker. Presi dei tovagliolini dal dispenser su un tavolo libero e li infilai nel calzino e praticamente corsi fino al tavolino accanto alla vetrina.

Mi sedetti. Chiusi gli occhi. Sussurrai: «Okay, Boo Boo. Ci siamo». Quando li riaprii, ebbi di nuovo la sensazione di non essere solo io a guardare attraverso i miei occhi.

Non mi tuffai nel gelato come se stessi mangiando solo per me stessa. Feci con calma. Cominciai con una ciliegia. La tenni in bocca. Chiusi di nuovo gli occhi. La tenni lì... un altro po'... sperando che Boo Boo stesse gustando, assaporando. Quando alla fine i miei denti affondarono nella ciliegia e il succo esplose nella mia bocca, immaginai Boo Boo emettere un gridolino di felicità.

Un cucchiaino alla volta, un sapore alla volta, onorai il capolavoro. Probabilmente battei il record mondiale come la Più Lenta Mangiatrice di Banana Split. Distanziai le tre ciliegie restanti, e la quarta fu l'ultima cosa che entrò nella mia – nella sua – bocca. Mentre mi pulivo con il tovagliolo, non stavo solo fingendo di sentire il sorriso di Boo Boo. Ci credevo. Mi aveva convinta.

Delega.

Sorelle.

"Uscirò presto!"

Corsi verso casa, la ruota anteriore che a malapena toccava la superficie bollente di Marshall Street. Ogni muscolo del mio corpo vibrava, tirandomi verso Boo Boo come un cane al guinzaglio. Volevo tuffarmi tra le sue braccia, dirle che avevo portato a termine la missione, chiederle se avesse funzionato. E poi, mentre sobbalzavo oltre i binari del treno, il problema mi colpì: non avrei potuto vederla fino alle dieci del giorno dopo.

Non riuscivo a immaginare un'attesa tanto lunga. Mentre pedalavo su per la collina, mi trastullai con l'idea di farle visita nella sua cella. Non avevo mai usato i miei privilegi in modo così sfacciato, prima, ma dubitavo che le guardie avrebbero negato l'accesso alla figlia del direttore della prigione. Un'ambulanza a sirene spiegate mi passò accanto riportandomi alla realtà: per quanto tempo mio padre mi avrebbe messa in punizione quando l'avrebbe saputo? Abbandonai l'idea.

Un singolo dimostrante – BRUCIATE BAKER – sfidava la calura fuori dalla prigione. Mentre issavo la mia bici su per le scale, un'auto della polizia arrivò sfrecciando dal vicolo che costeggiava il muro di cinta. Mi sporsi dal piccolo bordo erboso. Uomini in uniforme stavano accorrendo a Marshall Street, le luci che lampeggiavano. Cosa succedeva? Era scappato Baker?

Quando entrai, la signora Butterfield non disse nulla, ma la sua faccia mi seguì con una strana espressione che non riuscii a decifrare. Si era tolta gli occhiali. Una folla di gente, qualcuno in uniforme, qualcuno no, era nell'ufficio di mio padre. Sembrava che parlassero tutti insieme. Sentivo la tensione. L'agitazione. Il nervosismo.

Mentre salivo le scale fino a casa, alcune parole solitarie salirono come vapore dal ribollire di voci. Ma solo una giunse al mio orecchio: impiccarsi. Mi bastava. Quando arrivai all'ultimo gradino, le parole di Marvin Edward Baker completarono il quadro: «Non andrò mai a Rockview».

Tornai giù. Per poco non virai a destra per uscire dalla porta e gridare al dimostrante: "Puoi andare a casa!". Non lo feci. Andai dritta dalla signora Butterfield, esclamando: «Lo ha fatto, non è vero? Aveva detto che lo avrebbe fatto ed è così!».

Lei batté le palpebre. Si infilò gli occhiali come se volesse vedermi meglio. Sembrò confusa: «Chi?» disse.

«Marvin Edward Baker!» Avevo lo stomaco schiacciato contro il bordo della sua scrivania. Probabilmente stavo gridando. «Ha detto, io non andrò mai a Rockview. E non ci andrà! Per forza! Si è impiccato! Giusto?»

La signora Butterfield si prese del tempo per metabolizzare l'informazione. Si tolse di nuovo gli occhiali. Li appoggiò sulla scrivania con attenzione. Li sistemò proprio nella posizione che le sembrava necessaria. Quando il suo sguardo tornò su di me, c'era un sorriso, ma non era felice.

«Non è stato Baker» disse. E per la prima volta anche la formale signora Butterfield pronunciò il soprannome di un detenuto. «È stata Boo Boo.»

CAPITOLO QUARANTOTTESIMO

Trova Delancy.

È il primo pensiero sensato che riesco a ricordare. Dovevo trovare Delancy. Se non lo sapeva già, dovevo dirglielo. Se lo sapeva, dovevo consolarlo. Non ci sarebbe stato nessun matrimonio. Nessuna casa vicino all'acqua cristallina. Niente dieci figli.

Ero tra due enormi colonne sotto l'entrata del tribunale.

Cercai l'ufficio del registro. Attraverso una finestra quadrata nel muro vidi una donna che batteva a macchina. Le sue unghie erano arrotondate e brutte, più come le mie che come quelle di Boo Boo. Un pettinino di tartaruga affondava nel suo chignon sulla nuca. Mi irritò. E così il suo naso. La odiai.

Mi mostrava il lato destro, e batteva a macchina. Ero sicura che mi vedesse di sbieco ma che si comportasse come se allo sportello non ci fosse nessuno. Avrei voluto allungare una mano, strapparle quel suo prezioso pettinino di tartaruga dalla testa e piantarglielo nel collo.

«Vorrei parlare con Delancy Worthington» dissi.

Batté qualche altro tasto e alla fine si fermò. Girò solo la faccia verso di me. Visto davanti, il suo muso mostrava narici grosse come fagioli. «Come hai detto?» chiese.

«Delancy Worthington» ripetei. «Posso parlare con lui, per favore?»

Lei batté le palpebre. «Non c'è nessuno qui con quel nome» disse. Le sue dita erano sospese sui tasti della macchina da scrivere. Giurai che non sarei mai diventata una segretaria. «Sai in che dipartimento è?»

«Ufficio del registro» risposi. Guardai il cartello in alto. «Non è questo?»

«Sì» rispose lei. «Ma come ho detto, non c'è nessuno che si chiama così. Non in questo ufficio.»

«Delancy Worthington» ripetei. Sembrava un gioco in cui dovevo ripetere quel nome un certo numero di volte.

Si mise le mani in grembo. «Mi dispiace.»

Mi sembrò una cosa davvero ridicola da dire. «Le dispiace per cosa?» dissi.

Restò spiazzata. Si girò meglio verso di me. «Ti senti bene?»

La fissai. Avrei voluto oltrepassare quel vetro e darle un pugno sul naso. «Vai al diavolo» dissi, e scappai via, ma non prima di aver guadagnato enorme soddisfazione alla vista del suo sguardo scioccato e delle sue narici a fagiolo dilatate.

Passai da un cartello all'altro, da uno sportello all'altro. Pubblica difesa... Strade e ponti... Registro dei votanti... primo piano... secondo piano.

Non c'era nessun Delancy Worthington da nessuna parte.

Ma il tribunale della contea di Hancock era un posto enorme, con centinaia di persone...

Il giorno successivo, all'ora di pranzo, mi piazzai sulla panchina del giardinetto. Non c'era traccia del biglietto. Qualcuno venne a sedersi all'altra estremità della panchina, ma era una signora anziana. Rimasi lì finché l'orologio della ferrovia non segnò le due. Fu allora che piansi.

Lo aveva fatto con il filo per i tappeti. Lo stesso con cui si facevano le palle a gomitolo. Lo aveva fatto appendendosi a un tubo dell'acqua nella stanza delle docce. Doveva averlo fatto in modo rapido e accurato, dissero, forse si era perfino allenata, perché era rimasta da sola nelle docce senza che nessuno se ne accorgesse solo per una manciata di minuti. Ugualmente sorprendente era la quantità di filo che ci era voluto per portare a termine il compito per qualcuno della sua stazza. Qualcuno ipotizzò dieci gomitoli. Qualcuno cinquanta.

Ho poca memoria delle facce degli altri in quei giorni. Le cene con mio padre erano silenziose. Lo stesso era con Eloda quando mi faceva le trecce. In effetti, mi trovai a essere infastidita dalle mani di Eloda sui miei capelli. Volevo quelle di Boo Boo. La morte cambia la prospettiva delle cose. All'improvviso possedevo una nuova verità: Boo Boo sarebbe stata una madre perfetta, per me, dopo tutto.

Ancora più orribile, poi, fu capire che ero stata io a spingerla a farlo. Non riuscivo a cancellare dalla mia mente il ricordo del suo sguardo di stupore e delusione quando le avevo detto che, no, non mi ero messa a cercare lo Sputnik in cielo.

CAPITOLO QUARANTANOVESIMO

Quella settimana vagai come avvolta nella nebbia. Non decidevo di fare cose, di andare in posti o di pronunciare parole. C'erano semplicemente momenti casuali in cui la nebbia si diradava e io mi ritrovavo nel mezzo di qualcosa che stavo facendo, un posto, una frase.

Il suo funerale si tenne in una chiesa a nord di Filadelfia, dove viveva sua sorella. Non capii nemmeno che ci sarei andata finché non mi ritrovai a pedalare in quella che sapevo essere la direzione approssimativa della città.

Come diavolo arrivai fin lì? Dovevano essere almeno trenta chilometri. Non conoscevo nemmeno l'orario né l'esatto indirizzo della cerimonia. Quante volte mi fermai per chiedere aiuto? Ricordo solo una faccia. Un vecchio brizzolato con la pelle così scura da sembrare blu, un incisivo mancante, un'unghia incrostata che puntava da qualche parte. E mentre pedalavo via, la sua voce mi gridò: «Fai attenzione!».

Mentre mi avvicinavo, cominciai a immaginare un quadro del funerale e il ruolo che avrei avuto. Ero tormentata da un problema assurdo: come sarei riuscita a vedere oltre la folla piangente che avrebbe circondato la tomba? Ero una ragazzina di Two Mills, bianca, non ero una parente, e nemmeno una vicina. Non avevo il diritto, né una ragione, per farmi strada fino alle file davanti, o anche solo per essere la benvenuta. E poi la brillante soluzione: un albero! Nel cimitero doveva esserci un albero. Un albero su cui ci si poteva arrampicare. Possibilmente un gelso. Vicino alla tomba ancora aperta. Avrei guardato dall'alto. La migliore postazione possibile!

Spronata dalla mia decisione, pedalai con più vigore. Trovai la chiesa. Una signora nell'ufficio mi disse che il terreno per la sepoltura era "dall'altra parte della strada, ma...".

Corsi fuori dalla porta, attraversai la strada. Le lapidi spuntavano dal terreno, ma niente era uguale al quadro che avevo immaginato. Niente alberi. Nessuna folla. Al contrario del cimitero accanto alla prigione, non c'era erba, come se la morte fosse l'unico raccolto che potesse crescere là. Il cielo era grigio.

Cinque sagome stavano in piedi in un angolo in fondo. Mentre mi avvicinavo, spingendo la mia bici, una di loro si separò dagli altri e venne verso di me: vestito nero, pelle nera, collarino bianco, un cenno del capo, un sorriso. Il prete. Un paio di giri di ruota più vicino e vidi che due delle sagome rimanenti stavano indietro rispetto al rettangolo scavato nella terra, rilassate, le pale nel terreno come una terza gamba: i becchini. Le altre due erano donne, vestite di nero come il prete. Una era senza dubbio la sorella. Stavano pericolosamente vicine alla buca.

Spinsi con cautela la bici avanti. Ero in ritardo. La cerimonia funebre era appena finita. Non c'era nessuno a piangere, a parte le due donne in nero. Non parlavano. Non si muovevano. Mi sembrò curioso che guardassero lontano, verso la città, e non nella buca scura. Il lieve cigolio delle ruote della mia bicicletta risuonava come un orologio in una casa vuota. Mi fermai. Tutte le ore che avevo trascorso allegramente con Boo Boo nella Stanza della Quiete all'improvviso non contavano nulla. Ero un'intrusa. Sentii uno sfrigolio veloce: uno dei becchini aveva acceso un fiammifero e stava fumando una sigaretta.

Sentii una brezza sul viso. Si stava facendo scuro. Uno scherzo del vento, senza dubbio, ma mi sembrò di sentire odore di fragole. Più silenziosamente che potei, girai la bici e tornai indietro passando in mezzo alle lapidi. Non arrivai mai abbastanza vicino alla buca per vedere la bara.

Pedalai verso casa attraverso una melma di immagini inquietanti: un furgoncino del latte che sbandava… quattro ciliegie mezze seppellite nella panna… Andrew tra le mie braccia quel giorno sulla bici… la risata di Boo Boo… la mamma di Annamarie Pinto che controllava la spesa all'alimentari… la scarpa di mia mamma… le sgargianti unghie rosse di Boo Boo. Pedalai più dei trenta chilometri necessari. Quando trascinai la mia bici nella Reception, la signora Butterfield era andata a casa. La guardia notturna sedeva alla scrivania. Altre tre guardie stavano in gruppo tra loro. Mi guardarono tutti, sorpresi, poi salii verso l'appartamento. Mio padre era a metà scala. «Dove sei stata?» sbottò.

Parcheggiai la bici dietro la sputacchiera di ottone. «Al funerale di Boo Boo» risposi.

La faccia di mio padre si addolcì. Riuscii quasi a sentire la predica che voleva farmi che si sgonfiava.

«È buio» disse mentre lo raggiungevo sulle scale. Mi tolse il cappellino da baseball. Mi toccò i capelli, la spalla. «Sei zuppa.»

La cosa mi sorprese. A quanto pareva, avevo pedalato fino a casa sotto la pioggia.

Doveva essere un lunedì, perché la torta di Carl troneggiava sul tavolo della cucina, intonsa. Il mio coltello da torta e un piatto erano posati accanto.

Eloda era vicino al forno a gas, girava una manopola. Mi chiesi cosa ci facesse lì. Di solito rientrava in cella alle sette.

«Non ho fame» le dissi subito.

Si girò e mi lanciò un'occhiataccia. «Sei fradicia» disse.

«Non scherzo» dissi.

Il momento dopo mi stava togliendo i vestiti lì in cucina, borbottando sui ragazzini di qua, e i ragazzini di là. Mi asciugò con il canovaccio per i piatti e mi avvolse nell'accappatoio di spugna color cioccolato di mio padre.

È l'ultima cosa che ricordo di quello che uno definirebbe "quel giorno". I pilastri del mio mondo erano già collassati. Se prima ero stata rinchiusa in una prigione tutta mia, adesso ero in isolamento. In isolamento non esistono giorni della settimana, nessun quadratino sul calendario. Non c'è alba. Non c'è clima. Né finestre. Non c'è *qui*, né *ora*. Solo luce e buio. E anche la luce è buia.

Probabilmente andai a letto. Immagino che dormii. Ma ricordo solo che la spugna mi copriva le orecchie in modo così accogliente – così indescrivibilmente dissimile dall'abito di terra che avvolgeva Boo Boo – e poi all'improvviso ero seduta sullo sgabello alto ed Eloda era dietro di me con il pettine e l'elastico – perciò doveva essere un altro giorno. Avevo appena finito una tazza di caffè. Nessuno, nemmeno la mia guardia personale, mi avrebbe negato qualcosa in quei giorni. E ora, senza dubbio incitata dalla caffeina, eccomi che chiacchieravo senza sosta.

Raccontavo a Eloda del funerale, le raccontavo delle mie ore con Boo Boo. Della giovinezza di Boo Boo nelle paludi del Sud e del suo sogno di una casa in riva alle acque cristalline e di una vita con Delancy e un mucchio di figli. Del suo amore per la banana split di Scooper Dooper e della mia missione con delega e del nostro patto per la torta di patate dolci. Ed Eloda dietro di me pettinava e ascoltava, e poi diceva: «Non c'è nessun Delancy».

«Che?» chiedevo. Ero già agitata, quindi il mio stupore a malapena si registrava.

Lei ripeteva: «Non c'è nessun Delancy, signorina Cammie. Mi dispiace. Non c'è mai stato».

Mi giravo così di scatto che la sua mano strattonava

accidentalmente la mia treccia. «Lo ha incontrato nei giardinetti del tribunale» le dicevo. «Sulla panchina vicino al cestino dell'immondizia. Aveva un sandwich. Lei ha detto: salsiccia di fegato. E cipolla. Lui ha detto: che fiuto! Lavora all'ufficio del registro ma quella strega non vuole ammetterlo.» Ero stridula. Ero ostinata. Conoscevo un paio di cose sulle prove.

Vedevo il sorriso triste e deluso, il sorriso degli adulti quando devono dire a un bambino felice o a un sotutto-io: mi dispiace, ti sbagli. «Se l'è inventato» dice. Io la fissavo a bocca aperta, fissavo il suo sorriso triste. Volevo colpirla.

«Bugiarda!» gridavo e scappavo via da casa.

CAPITOLO CINQUANTESIMO

Aveva ragione, ovviamente.

Mentre quell'informazione mi travolgeva, fui costretta a rendermi conto che la maggior parte dei racconti di Boo Boo non erano veri. Non c'era stata nessuna infanzia nelle paludi. Non era stata una ballerina. E nemmeno una pattinatrice. O una domatrice. Al contrario di quello che diceva a me, non sarebbe uscita presto. Doveva scontare almeno altri dieci anni dietro le sbarre. Qualunque fosse il suo crimine, era qualcosa di più grave del taccheggio.

Delancy fu l'ultimo a dissolversi. Lottai per lui. Tornai in tribunale ancora e ancora. Tormentai le donne agli sportelli. Interrogai gli impiegati che uscivano dal lavoro. Mi sedetti sulla panchina vicino al cestino, in attesa, come se credessi di poter sentire da un momento all'altro l'odore di salsiccia di fegato e cipolla, come se mi aspettassi di girarmi e di vederlo. L'ultima volta che mi alzai dalla panchina andai sulla terrazza del tribunale che sovrastava i giardinetti. Dall'alto guardai la panchina con lo stesso desiderio con cui un falco guarda un topolino. Non sarebbe mai venuto. Me ne andai.

Bugie? Sogni? Delusioni?

Optai per i sogni. Li raccolsi dal pavimento, li ripulii con un lembo della camicia e li infilai nella tasca dei jeans. Feci un pellegrinaggio – a piedi, non in bici – da Scooper Dooper e rifeci tutta la delega, ricomposi il ponte d'amore per un'ultima volta. L'ultima delle quattro ciliegie si impigliò in un singhiozzo, lì al tavolo vicino alla vetrina. E seppi – con una certezza che non aveva alcun senso – che in una qualche dimensione, in un qualche universo importante per me e Boo Boo, Delancy era reale.

CAPITOLO CINQUANTUNESIMO

L'isolamento.

Non esiste il tempo. Non esistono le storie. È dove i momenti vanno a morire. Sto volando al di sopra della strada mentre il furgoncino del latte travolge mia madre… la cordite dei fuochi d'artificio bruciati addolcisce l'aria mentre costeggio i binari con Danny Lapella… palle di filo volano oltre il muro alla fine del mondo… palle di neve si spiaccicano su un vagone… un becchino accende un fiammifero… Helen e Tessa litigano davanti alla rete del volano… la sirena del birrificio ulula per sempre e mai più, perché adesso è mezzogiorno per sempre e mai più.

Marvin Edward Baker può capire. Chiedilo a lui.

Pedalo sempre più lontano dalla città, in cerca di case sulla riva di acque cristalline.

Percorro il torrente Stony, dalla foce nello Schuylkill risalendo controcorrente fino ai terreni dell'ospedale.

Mi aggiro furtivamente tra i vicoli di Mogins Dip, in particolare quello dietro la casa dalla porta azzurra in Mill Street. Anche se Eloda aveva bandito Andrew dalla prigione, non mi aveva mai proibito di vederlo da qualche altra parte. Ma io non lo facevo. Perché? Credevo che obbedendole in modo esagerato avrei ottenuto qualche gratificazione da lei? Avevo paura di contaminare il ricordo perfetto di quella giornata in bici con un nuovo incontro? Non lo so. So solo che ora ero lì, parcheggiata dietro un palo del telefono, a spiare sua madre nel cortile sul retro. Vedo solo la sua testa e le spalle dietro uno steccato bianco. Indossa la sciarpa giallo limone. Si china e sparisce per diversi minuti. Forse sta curando un giardino.

Si sente un grido – «Mamma!» – e Andrew scende giù dal portico a balzi. È più basso dello steccato, perciò posso solo sentirlo. Arrivano gridolini eccitati e chiacchiericcio finché non schizza di nuovo in casa e il vicolo torna silenzioso. Aspetto un altro po', ma lui non ritorna. Pedalo via.

Guardo i ragazzini giocare a baseball dal viale del parco, dietro il campo.

Ordino un hot dog lungo trenta centimetri da Ned. Ne mangio metà e butto il resto.

Mi ingozzo di caramelle. Snickers. Mars. Cioccolata. Biscotti al burro. Niente cose elaborate che richiedono tempo. Sigarette di caramella – non le fumo, le disintegro sotto i denti. Ci sono dei cartelli che cominciano a spuntare per le strade, stiamo quasi per entrare negli anni Sessanta, così attenti all'ambiente: NON GETTATE RIFIUTI A TERRA! Spargo carte di caramella per tutta la città.

Giro a un angolo. Sbuca Danny Lapella. Faccio un veloce dietrofront e sparisco nella direzione opposta.

Unghie rosse infestano i miei sogni.

C'è odore di pasticcio di maiale nell'aria.

Le bottiglie del latte tintinnano.

I ragazzini sono insolenti.

Hai visto lo Sputnik?

No.

Hai visto lo Sputnik?

Sì.

Che cosa ti porterò?

Filo da tappeto per impiccarci, mia cara.

L'Angolo... l'Angolo...

Mi tocco la nuca. La treccia è diversa. Le mie dita contano: un intreccio... due intrecci... quand'è che sono diventati *due intrecci*?

Lo faccio.

Non lo faccio.

Non vado nel cortile delle donne. Non guardo fuori dalla finestra della cucina. Non salgo sulla Torre della Morte e non vado nella Stanza dei Salami. Non pedalo davanti alla casa numero 428 in Swede Street. Luce. Buio. Buio. Luce. La mia caviglia... sono appena passata dalla cucina in salotto. Ho tagliato troppo l'angolo intorno al bancone della cucina e mi sono fatta male alla caviglia. Sono a piedi scalzi e indosso dei pantaloni a pinocchietto, che mi ha infilato a forza Reggie. Guardo in basso: non c'è più. La crosticina. La crosticina di quando sono caduta dalla bici in Oak Street. Era l'ultima traccia di Boo Boo, un ricordo della mia delega da Scooper Dooper, il nostro ultimo giorno. Mi metto carponi. Perlustro il pavimento. Si sente bussare alla porta. Vado nel panico. La crosticina! Dov'è? Bussano. Eccola! La trovo. Me la metto in tasca. Vado alla porta. Qualcuno sta gridando il mio nome. Cerco di ricompormi. Spingo la grossa barra di sicurezza. Brontola mentre esce dai massicci ganci di ferro che la legano alla porta solida. Dall'altra parte è il manicomio. Sto per aprire il chiavistello ma loro mi precedono. Spingono la porta con tale impeto che finisco sul pavimento. Le Galeotte mi gridano: «BUON COMPLEANNO!».

CAPITOLO CINQUANTADUESIMO

Non aspettarono nemmeno che mi rialzassi dal pavimento. Mi scavalcarono e invasero il salotto. Reggie tirò fuori un fiume di 45 giri dalla sua borsa di "Bandstand" mentre le altre correvano in camera mia a prendere il giradischi. Lo piazzarono sul tavolinetto, infilarono la spina e cominciarono a ballare *The Twist*. Reggie mi aiutò a rimettermi in piedi e mi costrinse a imitare il suo movimento d'anca.

«*Come on baby, let's do the twist!*»

Penso che quel giorno, quando mi svegliai, sapevo che era il mio compleanno. Insomma, dovevo per forza, no? Compivo tredici anni! Sapevo che sarebbero venute tutte alle sette, quella sera. Sapevo che dovevano restare a dormire da me. (Le avevo invitate, giusto, in quell'altra vita prima che la signora Butterfield dicesse: «È stata Boo Boo»?) Altrimenti perché due di loro,

Glenda Schmoyer e Rosanna Scotti, avevano portato i sacchi a pelo? Perché il tavolo della sala da pranzo avrebbe dovuto essere apparecchiato in modo così festoso, con le posate buone, e un pacchettino dorato con nastrino dorato a ogni posto? E una torta al centro con il mio nome scritto in blu nella glassatura alla fragola: CAMMIE?

Perché le grosse lettere di cartone scintillante avrebbero dovuto proclamare: "SEI UNA TEENAGER!" sul muro?

Perché la pignatta – la *pignatta*? – avrebbe dovuto starsene appesa in mezzo al soffitto?

Gli indizi erano chiari, signore e signori della giuria: c'era un compleanno in corso.

Immagino che fosse stata Eloda ad apparecchiare e ad appendere il cartello. Immagino che Carl avesse fatto la torta. Immagino che aprii i regali.

Senza dubbio io (la festeggiata) fui la prima a colpire la pignatta. Senza dubbio vennero fuori delle caramelle. Senza dubbio esultammo.

Dev'essere stata una serata di risate e balli e canti a squarciagola e torta e gelato e tredici candeline e tanti auguri a te e cordiali alla ciliegia (nelle piccole scatole dorate) e scherzi senza sosta e allegria e via con i pigiami prima che fosse buio e battaglie di cuscini a piedi scalzi e immagino di essermi divertita. Immagino di essere stata lì.

O almeno, una me in delega.

Perché la me con cui ero in contatto – quella in isolamento, la disadattata che se ne stava sprofondata nel proprio buco nero, quella me – guardava in su dal suo *qui e ora* senza fondo e osservava da una distanza siderale la gaiezza di una festa di compleanno vorticare intorno alla spirale infinita della sua depressione. E chissà quanto sarebbe andata avanti in quel modo se il telefono non avesse squillato.

CAPITOLO CINQUANTATREESIMO

Reggie afferrò la cornetta. «Sala da ballo O'Reilly!» Ascoltò per un momento, poi passò il telefono a Glenda. «È per te.»

Non volava una mosca mentre fissavamo tutte Glenda e lei fissava noi, lo sguardo attento. All'inizio della conversazione ci furono un paio di "no" e un "mi dispiace" a spalle basse. Poi un lungo ascolto, un "lo farò", un "non lo farò", una raffica di "okay" accompagnata da tanti cenni di assenso con la testa che il suo collo pareva essersi incantato come un disco, e poi in processione solenne: «Lo farò… non lo farò… prometto». E infine: «Buonanotte, mamma».

Glenda era stordita. Sembrava non riuscisse a rimettere la cornetta a posto, perciò la ripassò a Reggie.

«Che è successo?» chiese Donna Holloway, col fiato sospeso.

«Va tutto bene?» disse Gussie Kornichek.

Glenda si afflosciò. Fece un sospiro profondo. Per un momento pensai che stesse per piangere. «Lo spazzolino» disse.

«Che ha fatto?»

«L'ho dimenticato» rispose Glenda.

«Tutto qui?» chiesi.

Un altro sospiro profondo. «Mia madre mi prepara sempre le cose quando vado fuori. Questa volta le avevo chiesto di farlo da sola. Io...» ingoiò un singhiozzo «avevo messo tutto nel sacco a pelo. Avevo ricordato...» le si strozzò la voce «tutto. Tranne lo spazzolino.»

«Non è una tragedia» disse Reggie. «Puoi usare il mio.»

«Oh, no!» La preoccupazione lampeggiò negli occhi di Glenda. «Non posso usare quello di nessun altro. Solo il mio.»

«Ma il tuo è rimasto nel tuo bagno, a casa» ragionò Reggie.

Glenda si afflosciò ancora di più. «Lo so. Perciò stasera non mi laverò i denti.»

Gussie disse: «Be', te la dico io una cosa. Non ho intenzione di dormire nella stessa stanza con qualcuno che ha i denti sporchi».

Tutte risero a parte Glenda, che sorrise appena.

Io saltai in piedi. «Te ne procuro uno.» Nella stanza delle scorte, dietro la Reception, c'erano dei kit da bagno, che venivano consegnati a ogni nuovo detenuto. Nel kit c'era anche uno spazzolino. Dovevo solo parlare con Al, la guardia notturna. Lo avevo già fatto, quando ero piccola ed ero invidiosa che i detenuti ricevessero il kit e io no. Mi diressi verso la porta.

«No!»

Il grido di Glenda mi bloccò. Mi girai. «No?»

«Mia madre ha detto, solo il mio.»

Mia madre.

Per tutta la sera non avevo sentito altro: mia madre di qua, mia madre di là.

Certo, erano parole note, le sentivo da una vita, e spesso facevano male. Ma mai prima di allora c'erano stati così tanti "mia madre" ammassati e lanciati nella stessa occasione.

«Glenda» dissi, in modo per niente gentile, «lo spazzolino che voglio darti è ancora impacchettato. È nuovo. Non è mai stato usato.»

Glenda era combattuta ma non mollò. «Mia madre ha detto così.»

Stavo per perdere la pazienza. Le gridai: «Lo faccio bollire così si sterilizza!».

Lei sobbalzò e arrivarono le lacrime: «Non... p-posso».

E quello fu il momento.

CAPITOLO CINQUANTAQUATTRESIMO

Lo so. Non sembra questa gran tragedia, e di sicuro non era la fine del mondo. Ma aspettava da dodici anni, dodici anni per arrivare alla saturazione. Lei disse: «Non... non posso», e tutto, dalla festa di compleanno a ritroso fino al primo tintinnio delle bottiglie del latte, tutto arrivò all'orlo e traboccò e si riversò in mille pezzi nel mio buco nero e io ruzzolai e venni agitata da tutti gli eventi della mia vita e all'improvviso non ero più in isolamento. Ah. Proprio il contrario! E non ne potevo più.

Andai alla porta. Rimossi la barra di ferro. La aprii. Mi girai verso Glenda. Dissi: «Vattene».

Lei strabuzzò gli occhi. «Eh?»

Mi feci di lato. Aprii la porta un altro po'. «Vattene a casa.»

Ancora non capiva. Guardò le altre, che a loro volta non sapevano se guardare me o lei. Lo disse di nuovo, questa volta con un timido, incredulo sorriso: «Eh?».

Ringhiai: «Vattene, Glenda. Fuori da casa mia».

Lei mi fissò.

Io gridai: «Adesso! Capisci la mia lingua?». Andai come una furia vicino a una poltrona. Afferrai il suo sacco a pelo. Glielo lanciai contro, facendole perdere l'equilibrio. Rosanna e Donna l'aiutarono a rimettersi in piedi. Lei rimase lì aggrappata al sacco a pelo, se lo stringeva al petto senza reggiseno, ansimando, piangendo sonoramente. Indicai la porta: «Vattene! Adesso! Torna a casa dalla mammina!».

Lei si mise a correre all'improvviso, strillando, giù per le scale e fuori dal portone. Riuscivo a sentirla piangere mentre scappava su Airy Street.

La scena successiva avvenne in un silenzio sbigottito. Le altre Galeotte raccolsero le cose che avevano portato per la notte. Reggie tolse i 45 giri che aveva impilato sul giradischi e li rimise nella borsa di "Bandstand". Una alla volta, disinnescarono l'euforia della festa. Gussie afferrò rapidamente la sua manciata di caramelle della pignatta dal tavolino e tutte si trascinarono fuori dalla porta. E poi Reggie tornò indietro, puntandomi un dito contro. «Sai di cosa hai bisogno, Cammie?» Sputò fuori il mio nome. «Eh?»

Attesi. Non accadde nulla. A quanto pareva si aspettava una risposta. Mi sentii obbligata. «Di cosa, Reggie?»

Le sue labbra Rosa Passione si arricciarono per lo sdegno. «Tu… hai bisogno di una personalità.» Girò su se stessa e marciò giù per le scale.

Chiusi la porta con tutti i chiavistelli. La scopa di Eloda era sul pavimento. Era servita per colpire la pignatta. Senza emozioni, osservai le rovine che sembravano già preistoriche: *Pensiamo che una volta su questo sito ci sia stata una festa di compleanno. Guardate qui – questi sono dei mozziconi di candeline. Probabilmente vengono da una torta. Sono tredici. Quindi, forse, si trattava di una teenager.*

CAPITOLO CINQUANTACINQUESIMO

La mia sparata non era una cosa complicata. (Mi senti, Thomas Browne?) Si poteva dire: "È uscita di testa". Ma metterla in quel modo, come vedrete, non è esatto. Meglio dire: "Ha dato in escandescenze".

Quelle quattro cose che facevo sempre quando ero arrabbiata? Fesserie. Certo, passai con la bicicletta sui prati e le aiuole delle case, specialmente nel quartiere ricco e immacolato.

Andai giù da Blue Jay, dove fanno le colazioni. Mi svuotai le tasche sul bancone e dissi: «Del pasticcio di maiale». I soldi bastavano per sei porzioni. Le mangiai tutte. Tornai alla prigione, entrai nella Reception, salutai la signora Butterfield e vomitai nella sputacchiera.

Non presi a pugni i salami nella Stanza dei Salami. Li feci a pezzi con la spada della Guerra Civile che mio padre teneva nell'armadio.

Rubai nei negozi. In onore di Boo Boo. La prima cosa fu un pacchetto di sigarette. Non ero nemmeno nervosa, né attenta. Le presi dall'espositore sul bancone da Morfio, mentre la signora Morfio stava guardando da un'altra parte. Erano delle Salem. Al mentolo. Con il filtro. La marca di Boo Boo.

Tornai a casa. Eloda stava facendo il bucato. Ero pronta per accendermi una sigaretta quando realizzai di non avere un fiammifero. Ne trovai alcuni nel cassetto della cucina. Mi piazzai sulla soglia della lavanderia. Mi appoggiai allo stipite con aria disinvolta. Eloda era china su un mucchio di panni, e sbuffava.

«Ciao» dissi.

«Ciao» rispose. Non alzò lo sguardo.

Tirai fuori il pacchetto di sigarette verde e bianco, lo aprii ed estrassi una Salem battendo sul pacchetto, come avevo visto fare alle donne in cortile. Mi misi la sigaretta tra le labbra e mi sorpresi a succhiarla come se fosse una caramella.

Mi ci vollero diversi tentativi per riuscire ad accendere un fiammifero. Sapevo grazie a Reggie che la parte con il filtro andava in bocca. Avvicinai la fiamma al tabacco e fui sollevata nel vedere che cominciava a bruciare. Avevo sentito che si doveva inalare ma non rischiai. Tanto il punto non era fumare. Il punto era vedere la faccia di Eloda. Era ancora china sul bucato.

Disinvolta come una stella del cinema, tenni la Salem tra le dita e la allontanai dalla bocca con grande eleganza, la mano in fuori con il palmo in su, come per sentire la pioggia.

«Che stai facendo?» chiesi.

«Pulisco il forno» rispose.

Sbuffai. «Dai, Eloda. Dovresti guardare le persone in faccia quando parli.»

Lei smise di selezionare il bucato. Alzò lo sguardo. Guardò dritto verso di me. Non vidi nessuna reazione sul suo viso. «Sto guardando» disse.

«Sto fumando una sigaretta» dissi.

«Congratulazioni» commentò, e tornò al bucato.

«Lascia perdere» sbottai e uscii dall'appartamento pestando i piedi, e poi dalla prigione.

Ero già sul marciapiede quando mi accorsi di avere ancora la sigaretta tra le dita. Si era spenta. Una cicca morta. La lanciai verso una macchina che passava per la strada.

Mi misi a sfidare il mondo.

Lottai con gli altri ragazzini per una palla di corda, in Marshall Street, e poi la ributtai al di là del muro. Risi degli insulti che seguirono e pedalai via.

Salii sulla Torre della Morte e anche sul camminatoio. Marciai avanti e indietro per farmi vedere da tutta la città. Il telefono squillò. Una guardia venne a prendermi. Mio padre mi sgridò. Lo rifeci il giorno dopo.

«Che cosa ti prende?» mi chiese a cena.

Non risposi. Gli riservai il trattamento del silenzio. Anche a Eloda. La treccia mattutina veniva composta senza una parola, solo il fruscio del pettine tra i capelli e lo schiocco dell'elastico. Non sopportavo che né mio padre né Eloda sembrassero risentire particolarmente del mio trattamento. Cominciai a considerare qualcosa da dire, una frase a effetto da lanciare contro di loro come una bomba prima di richiudermi nel mio mutismo.

Rubai un pacco di lime per le unghie da Woolworth's. Un isolato più in là, le gettai sul marciapiede davanti al cartello: NON GETTATE I RIFIUTI A TERRA!

Tormentavo i gamberetti giù al torrente. Forse ero perfettamente consapevole di muovermi lungo il corso d'acqua avvicinandomi sempre di più al campo da baseball della lega giovanile. Grida sporadiche e il rintocco di una mazza sulla palla arrivavano attraverso le fronde degli alberi. Avevo già stanato un grosso gamberetto da sotto una roccia e lo stavo punzecchiando con il mio stecco di legno quando sentii una voce: «Ciao, Cammie». Alzai lo sguardo ed eccolo là, Danny Lapella, tutto sorrisi e gentilezze. Stava ancora sorridendo quando lo colpii. Non uno schiaffo da femmina. Un bel pugno a piena forza dritto in faccia. Lui barcollò all'indietro e cadde sulle ginocchia, la mazza da baseball che rimbalzava tra le pietre. Quando si alzò, aveva del sangue sulla bocca e uno sguardo che mi perseguita ancora oggi.

Oh, Thomas Browne, quanto può peggiorare un brutto periodo? L'orrore di quello che avevo fatto avrebbe dovuto strapparmi fuori dalla mia furia. Eppure, qui sta la misura della mia follia: non mi intaccò.

Danny recuperò il suo cappello e se ne andò camminando in mezzo agli alberi, abbattuto e dignitoso allo stesso tempo. Dopo quello che mi parve un secolo, mi ritrovai in mezzo all'acqua del torrente fino alle ginocchia, gli eterotteri predatori che pattinavano sulla superficie cristallina intorno a me.

Vidi una madre con il suo moccioso. Il moccioso – non ricordo se fosse maschio o femmina – era appena sceso dallo scivolo nel parco giochi. Vidi questa scena mentre pedalavo sul viale. Il moccioso schizzò in piedi dal fondo dello scivolo e corse verso la scaletta per un altro giro, quando la madre lo afferrò per un braccio. Mi fermai a guardare. «Ora basta» disse. «Dobbiamo andare.»

Sembrava che avesse infilato il braccio del moccioso nel fuoco. Urla, convulsioni. «È ora di cena» disse la mamma, mantenendo una calma impossibile. Continuava a ragionare con lui ma l'urlatore non la stava a sentire. In quel bambino incontrollabile li riconobbi tutti, un mondo di mocciosi con l'imperdonabile privilegio di avere una madre da maltrattare. Ogni attività sulle altalene, sui dondoli e sulle giostrine si era fermata. Io intanto mi ero avvicinata. Quando cominciarono i calci – la mamma gridò nell'istante in cui un piede le colpì lo stinco – mi ritrovai a chinarmi sul manubrio per gridare in faccia al moccioso con tutto il fiato che avevo nei polmoni: «UBBIDISCI A TUA MADRE!». E scoprii con mia sorpresa che avevo anche strizzato e scosso l'altro braccio del ragazzino. Lo lasciai. Mi girai e pedalai in cima alla collina. Due voci gridavano indignate alle mie spalle. Quella della mamma non si distingueva da quella del figlio.

Tornai sul camminatoio in cima alla torre. Con dei palloncini pieni d'acqua. Li tirai addosso ai dimostranti che picchettavano giù in basso. Altro che grida e convulsioni! Non era la stessa cosa che versare dell'olio bollente sui nemici invasori, ma il senso di soddisfazione ci andava vicino. Me la filai prima che cominciassero ad arrivare le telefonate. Andai al negozio di caramelle e rubai una manciata di barrette al cioccolato.

Quella sera a cena, mio padre chiese di nuovo: «Che ti prende?».

Non gli rivolgevo la parola da tempo. Ma avevo lavorato sulla mia frase a effetto. Gliela lanciai al di sopra del mio piatto di spaghetti: «Non sono una delle tue detenute!». Che la mia risposta non avesse nessuna relazione con la sua domanda non importava. Il punto era ferirlo. Dal suo sguardo, ci ero riuscita. Per sottolineare il concetto, afferrai la mia fetta di torta (Ciliegiona), la spiaccicai sugli spaghetti e uscii di casa come una furia.

Ero più fuori controllo del moccioso sullo scivolo. E mi godevo ogni minuto.

CAPITOLO CINQUANTASEIESIMO

Reggie tornò.

Fece finta di niente ma era chiaramente distratta, a disagio. Immaginai che fosse per quella festa disastrosa, ma mi sbagliavo. Non la nominò nemmeno.

Si sedette sul mio letto, chiacchierando con me e facendomi domande vuote. Aveva uno zainetto ricoperto di perline nere e verdi. Era orribile. Probabilmente apparteneva a sua madre.

Alla fine vuotò il sacco. Tirò fuori un pezzo di carta e una penna dal brutto zainetto. Le tremava la voce. «Cammie» disse, «senti, so che quell'idea della foto era stupida. Perciò stavo pensando, perché non facciamo una cosa solo con il suo nome...» sapevamo entrambe a chi si riferisse «su un pezzo di carta?» Mi tese la carta e la penna. «Tu non devi fare nulla. Posso darlo io alla guardia e...»

Riuscì ad arrivare fino a qui.

Le strappai la carta e la penna di mano. La afferrai per il polso e la trascinai fuori di casa e giù fino alla strada principale e poi dentro il supermercato Fiore, davanti a una delle cassiere. La signora stava prezzando un melone. Era poco più alta di me. Aveva lunghi capelli neri. Sulla sua uniforme bianca, il suo nome era ricamato in color lavanda: LILLIAN.

Passai davanti a un cliente. Spinsi Reggie finché non fu faccia a faccia con la madre della ragazza assassinata. «Ecco» dissi. «Lei è la signora Pinto. Sua figlia si chiamava Annamarie. Ti suggerisce qualcosa? Di' a lei quello che vuoi.»

Le lasciai a guardarsi a bocca aperta e mi fiondai fuori dal supermercato.

Mi diressi al Centro Taccheggio. Cioè Woolworth's. I miei jeans avevano quattro tasche. Le riempii tutte. Scelsi cose piccole perché volevo omaggiare Boo Boo con la quantità. Graffette. Gomme da cancellare. Rossetti. Lacci per le scarpe. Spille da balia. Tettarelle per bambini. Mentre le mie tasche si gonfiavano a dismisura, giurai che la prossima volta avrei fatto alla maniera di Boo Boo. Sarei ingrassata e avrei indossato mutandoni enormi e pantaloni larghi e sarei uscita con addosso mezzo negozio. Ma avevo ancora una cintura libera. Fu lì che infilai una decina di paia di calzini bianchi – davanti, dietro e sui lati.

Ero oltre la porta, sul marciapiede, quando sentii una mano sull'avambraccio. «Mi scusi, signorina.» Mi girai e mi ritrovai a fissare un uomo occhialuto non più alto di me, più piccolo della signora Pinto. Il sole di mezzogiorno si rifletteva sui suoi occhiali in un modo che gli nascondeva gli occhi e gli dava un'aria demoniaca. Ma la sua bocca sorrideva e la sua voce era gentile. «Ha dimenticato qualcosa?» chiese.

Mi rilassai subito. *Che persona gentile,* pensai, *venirmi ad avvisare così. Dev'essermi caduto qualcosa nel negozio.*

Ci pensai su. «No» risposi. «Non credo.»

«Oh...» disse lui, e si mosse in modo da rivelare gli occhi e vidi che non era certo un demone ma un ometto pelato e gentile la cui presa sul mio braccio cominciava a far male. «Io penso di sì» disse. «Penso che lei abbia dimenticato qualcosa.»

E poi guardò oltre me, lasciò la stretta sul mio braccio e un agente di polizia apparve a fissarmi dall'alto, molto dall'alto, perché era decisamente più grande dell'ometto. All'inizio mi sorprese che non mi avesse riconosciuto. Poi realizzai che solo le guardie della prigione mi conoscevano, non i poliziotti di Two Mills. Il suo sorriso mi sembrò ampio come la visiera nera del suo cappello e scintillante come il distintivo sopra di essa. «Bene, bene» disse, e allungò una mano e, con una delicatezza che contraddiceva la sua stazza, sollevò un lembo della mia camicia appena un po', abbastanza per una sbirciatina. «... Cosa abbiamo qui?»

Cinque minuti dopo, sedevo su una seggiola nell'ufficio dell'uomo pelato, sul retro del negozio, a fissare un mucchietto sulla sua scrivania. Devo dire che fui sorpresa dalla quantità di oggetti che avevo sgraffignato. Mi venne in mente che Boo Boo ne sarebbe stata orgogliosa.

Parlammo per un po' – il grosso poliziotto, il piccolo

direttore del negozio e io. Ricordo più il tono che le parole. Era una chiacchierata. Amichevole. E poi, all'improvviso, ci fu il silenzio. I due uomini si guardarono, poi guardarono me, poi di nuovo si guardarono tra loro. Senza dubbio fu quello il momento in cui capirono chi fossi, probabilmente non molto tempo dopo che gli ebbi rivelato il mio nome.

Fui riportata alla prigione in una volante. Il poliziotto chiese alla signora Butterfield di chiamare mio padre. Lei gli disse che era ad Harrisburg e che non sarebbe tornato prima di sera. «C'è qualcun altro, allora, qui» disse l'agente, «che abbia autorità su questa bambina?» Suonava strano sentirmi chiamare "bambina".

La signora Butterfield non rispose subito. Poi alla fine disse: «C'è una detenuta di fiducia». Indicò. «Di sopra.»

Trovammo Eloda che pranzava con un panino al prosciutto cotto. Me ne andai in camera mia mentre il poliziotto restava indietro. Chiusi la porta, ma non del tutto. Ascoltai le voci in cucina, principalmente quella di lui. Non distinguevo le parole. Non ne avevo bisogno. Sapevo cosa stava dicendo. *Ha rubato delle cose. Lo dica a suo padre.*

Quando l'agente se ne andò, salii sulla torre. Me ne stetti lassù per tutto il pomeriggio e molto dopo il fischio del birrificio. Eloda mi portò la cena: pollo fritto, *succotash*, latte, e ovviamente la mia torta. Si fermò sulle scale, posò il vassoio sul pavimento e si ritirò, senza una parola.

Quando mio padre rientrò, lei non se ne andò subito. Io ero alla finestra, a fissare Bridgeport nella luce grigia, dall'altra parte del fiume. Cercai di immaginarla mentre glielo diceva. Alla fine sentii la porta che si apriva e i suoi passi mentre, come ogni giorno, tornava alla sua cella. Aspettai che mio padre mi chiamasse. Non lo fece.

Scesi solo quando fece buio. Avevo sperato che lui fosse andato in camera sua, che magari fosse già a letto, stanco per il viaggio ad Harrisburg. Ma non fui fortunata. Era in salotto, sprofondato nella sua poltrona, a guardare "I love Lucy" in televisione bevendo tè freddo. Proseguii oltre.

«Ciao» disse lui.

«Eh?» esclamai.

«Ciao. È un saluto comune. Come buonasera.» Si zittì per ridere di qualcosa di buffo che aveva fatto Lucy. «Ti sono mancato?»

«Per niente» risposi, e tornai nella mia stanza.

Ne uscii altre due volte quella sera, una per andare in cucina e una per andare nella sala da pranzo e metterlo alla prova. Ma lui non disse mai una parola.

In camera mia, seduta sul letto a fissare il muro, l'incredibile verità mi illuminò lentamente: Eloda non glielo aveva detto.

I fomentatori di disordini, avevo scoperto, generano conseguenze imprevedibili. Perciò gli eventi che sto per raccontare suscitano molte domande. Le cose torneranno alla normalità? (Non ne sono sicura.) Sono capace di distinguere il giorno dalla notte? (Forse.) È stato tutto vero? (Dipende se eravate me o no – o, come vedrete, quale me.) Inoltre, mi appello al mio privilegio di narratrice (o proprietaria) della mia storia: tengo questi fatti per ultimi perché mi sembra giusto. Se anche non accaddero l'ultimo giorno e l'ultima notte del brutto periodo, avrebbero dovuto. In ogni caso, una cosa è certa a proposito della fine: non mi accorsi mai che stava arrivando.

CAPITOLO CINQUANTASETTESIMO

Mi svegliai che era ancora buio.

Mi vestii. Sgusciai fuori dall'appartamento e giù per le scale fino alla Reception. Al, la guardia notturna, sedeva alla scrivania che di giorno era occupata dalla signora Butterfield. Sembrava stesse facendo le parole crociate. Alzò lo sguardo. Era abituato a vedermi, d'estate, quando tornavo a casa tardi. «Buongiorno, signorina Cammie.»

«Ciao, Al» risposi.

«Non vedi l'ora di andare a scuola, eh? Di farla finita con queste stupide vacanze?» Capii dal suo sorriso che stava scherzando.

«Giusto» risposi.

Presi la bicicletta. Il mio guantone era appeso al manubrio. Mi diressi verso la porta. Al si schiarì la gola. «Ehm... signorina Cammie...»

Ecco una cosa a cui non era abituato. Sul grande orologio appeso dietro di lui la lancetta delle ore puntava le due. Non mi fermai. Arrivai alla porta e la aprii. «Ho bisogno di uscire» gli dissi. «Mi sono appena ricordata di aver dimenticato una cosa al parco, oggi, e devo andare a riprenderla.»

Mi guardò senza espressione. Era perplesso. Tutte le guardie della prigione erano state addestrate a proteggermi da qualsiasi pericolo – a parte me stessa. Cercai di rendergli la cosa più facile. «Ci metto un minuto, Al. Farò attenzione.»

Lui sparò la sua ultima cartuccia. «Ci vuole più di un minuto per raggiungere il parco.»

Risi. «Giusto. Due minuti, allora.» E me ne andai.

Ero a metà strada quando mi accorsi di aver dimenticato di portare una pala. Avrei dovuto arrangiarmi con un bastone. Pedalai da una pozza di luce all'altra tra i lampioni, l'unico suono il ticchettio e il ronzio delle ruote della bici. Ero l'unica cosa mobile in tutta la città.

Girai a sinistra sul viale ed entrai nel parco. Poi di nuovo a sinistra sul ponte di Willow Street e sul sentiero che costeggiava il torrente. Parcheggiai nel campo della lega giovanile. La luna, alta in un cielo senza nuvole, era la metà perfetta di una torta di Carl. Libero da alberi e palazzi, il campo sembrava abbastanza illuminato da poterci giocare.

Entrai nel boschetto. A pochi metri di distanza il torrente gorgogliava dolcemente. Sentii un plop. I grilli cantavano, per me non era la solita colonna sonora serena di una notte d'estate. Quella sera era il suono dell'estate che digrignava i denti.

Trovai l'attrezzo che mi serviva: un ramo di trenta

centimetri, solido e non marcio, un'estremità dentellata, abbastanza affilata.

Raggiunsi l'interbase in mezzo a un mare di lucciole. Mi posizionai nel punto in cui avrei voluto essere, le ginocchia piegate, le mani pronte, i talloni sollevati di un centimetro, pronta a scattare a sinistra, pronta a scattare a destra, gli occhi sul battitore, sulla palla, proprio come mi aveva insegnato il signor Strong a scuola, proprio come avrei fatto se mi avessero lasciato giocare nella lega giovanile. Infilai il bastone nella sabbia scintillante, che subito lasciò il posto a della terra più scura. Scavai una bella buca profonda circa trenta centimetri. Presi il mio guantone dal manubrio. Lo baciai e lo feci cadere nella buca. Rimisi a posto la terra smossa con la scarpa e la appianai.

Forse mi ero ritrovata a un'altra cerimonia di sepoltura. Pensai a Boo Boo. Allo Sputnik. Guardai in su attraverso le lucciole. Aveva detto che assomigliava a una stella, a parte per il fatto che si muoveva lentamente nel cielo. Fissai un punto finché non mi si indolenzì il collo. Mi sdraiai sulla schiena e fissai un altro po'. C'erano molte stelle, ma nessuna si muoveva. Mi alzai per andarmene, sconfitta, ricordandomi ancora una volta che avevo deluso Boo Boo.

Pedalai fino al ponte di Willow Street. Smontai e afferrai la barra centrale con una mano e il sellino con l'altra. Sollevai la bici oltre il basso muretto e la lanciai nel torrente. Sentivo il rumore delle ruote mentre mi allontanavo.

Rientrai passando per la ferrovia. Altre lucciole. I binari rilucevano argentei sotto la luna. A un certo punto mi misi a gridare.

Lasciai i binari su Elm Street. Un rumore: dall'altro lato della città, sul fiume. Di nuovo. Un mostro tossiva a est. Capii subito che non era un diesel. Era una locomotiva a vapore. Forse l'ultima esistente al mondo. Aspettai.

Vidi il fascio di luce balenare intorno alla curva della vecchia fabbrica di sigari, poi apparve il mostro che pompava palle di fumo nel cielo illuminato dalla luna. Ero appena fuori dai binari ma non mi feci indietro. Passò rombando a pochi centimetri dalla mia faccia. Tremai nelle scarpe da ginnastica. Mentre il muso dagli occhi gialli piombava in mezzo al parco e le ultime carrozze cominciavano a ticchettarmi davanti come un enorme orologio su ruote, mi accorsi che qualcosa ticchettava anche tutto intorno a me. Era la fuliggine, la pioggia di cenere della locomotiva alimentata a carbone. La sentivo picchiettarmi sulle braccia. Non mi mossi e la pioggia di fuliggine non cessò, né quando l'ultima carrozza passò sferragliando, né quando il treno non era che un mormorio distante verso ovest. Rimasi lì mentre la fuliggine mi cadeva addosso e si accumulava intorno come se tutte le notti e tutte le morti del mondo stessero piovendo su di me. Ormai mi arrivava alle ascelle quando una consapevolezza confusa giunse sferragliando come una seconda locomotiva: *Non è reale.* Feci un passo avanti, fuori dalla fuliggine, fuori dalla me irreale. Ecco cosa mi succedeva, in che stato ero. Ripresi a camminare sulla Elm. Quando guardai indietro, il mucchio di fuliggine era arrivato fino al lampione e continuava a salire.

Arrivai nella mia via. Passando davanti alla chiesa,

fui vagamente cosciente delle lapidi scure e arrotondate, che divennero le schiene piegate dei morti, risvegliati per seguirmi fino a casa.

«Caspita!» esclamò Al quando aprii il portone. «Erano due minuti parecchio lunghi.» Nonostante il leggero tono di rimprovero, la sua voce era allegra. Con una punta di sollievo.

Forse dissi: "Scusami", o "Lo so". Forse lui mi chiese se avessi recuperato la cosa che avevo perso. O fece domande sulla mia bici. Forse mi misi le mani in tasca e gli lanciai una manciata di cenere. Non lo so. Sto recuperando filamenti dalla manica della memoria.

Era sicuro comunque che Al avesse detto: «Erano due minuti...». E poi mi ritrovai nel cortile delle detenute deserto. Rimasi in silenzio all'ombra del muro massiccio. Non volevo allarmare la guardia nella torretta. Diventai anch'io un'ombra. E per un benedetto momento di tregua, non provai niente.

Poi, nonostante la notte umida e calda, il freddo calò su di me. All'inizio ero perplessa. E poi no, perché capii di trovarmi in più di un posto. Era molto più grande, ovviamente, ma la forma e il vuoto senza vita del cortile delle detenute era una versione perfetta della tomba che avevo visto nel cimitero.

Lasciai le ombre. Mi spostai verso il centro luminescente dello spiazzo. Mi sdraiai. Portai le mani al petto. Chiusi gli occhi. Ero perfettamente consapevole di quello che stavo facendo. La luna era meno di metà, ma la luce che spandeva era più che sufficiente per mostrare alla guardia sulla torretta che qualcuno era sdraiato in mezzo al cortile. Mi aspettavo da un momento all'altro una seconda luna più abbagliante, quella del faro della torretta, che mi cogliesse in flagrante. Mi aspettavo di sentire una voce imperiosa esclamare: "Alt! Chi è là?" – o qualcosa del genere. Forse anche la sicura di un fucile in lontananza. Sirene! Luci rosse lampeggianti! Passi di corsa!

Non mi importava.

Ma non successe niente, riaprii gli occhi e il mondo era sparito, a parte il cielo notturno. Stelle! Ho sentito che ci sono tante stelle quanti sono i granelli di sabbia sulla spiaggia di Wildwood. Cercai di nuovo di individuare un movimento che rivelasse la presenza dello Sputnik di Boo Boo, ma subito mi misi a pensare agli angeli. Erano lassù? Si nascondevano dietro le stelle? Boo Boo adesso era un angelo?

Thomas Browne?

Mia madre?

Mi ricordavo il "certo" senza vita di mio padre. Come bucò il pallone del mio primo tentativo di fede. Ma quello accadde in un blocco di celle isolato. Qua fuori... qua fuori il "certo" scettico di mio padre non aveva speranze contro la grandiosità delle stelle e della notte. Eppure mi veniva voglia di esserne sicura. Forse l'angelitudine non segue la morte in automatico. Forse una mamma angelo ha bisogno di nascere, ha bisogno del respiro del suo bambino. E così sussurrai il suo nome – poi lo dissi ad alta voce: «Anne O'Reilly!» – e lo soffiai verso le stelle.

In quel momento sentii lo scatto metallico del faro della torre che mi coglieva in flagrante.

CAPITOLO CINQUANTOTTESIMO

Nessuna madre è seppellita davvero finché suo figlio non riesce a tirarsi fuori dalla sua tomba.

Il giorno dopo, con gli occhi ancora chiusi, fui svegliata da una luce abbagliante e mi chiesi se non fossi ancora nel mezzo della notte precedente, tra grida, mani, trambusto. Poi sentii il birrificio che fischiava su tutta la città. Era ora di pranzo! Spalancai gli occhi. E li richiusi subito di scatto, accecata dalla luce del sole che mi arrivava dritta in faccia.

Passati il fastidio e la confusione del risveglio, mi rimase solo un senso di vuoto. Il mondo, come sempre, non era cambiato in meglio durante la notte. In effetti, era peggiorato rispetto a ieri. La mia bicicletta e il mio guantone non c'erano più.

Per tutta la vita avevo riempito quel vuoto con la rabbia. Dal mio cuscino, mi guardai intorno in cerca di un gancio a cui appenderla. Trovai mio padre, che era la causa di quella luce accecante, visto che aveva dimenticato di tirare le tende quando mi aveva messo a letto. E oltre a lui trovai me stessa, sulle lenzuola, con i jeans, la maglietta, tutto a parte le scarpe da ginnastica.

Le mie cose per la colazione erano disposte in bell'ordine sul bancone della cucina, come al solito: ciotola, cucchiaio, bicchiere di succo di frutta, cereali al cioccolato, tovagliolo. Le spostai di lato. Chi fa colazione a mezzogiorno? Sapevo che lei mi stava guardando dalla sala da pranzo. Feci una gran scena di non trovare niente per il pranzo nel frigo. Afferrai una mela dalla ciotola della frutta. La attaccai con morsi rumorosi. Avevo ritrovato la mia rabbia. Stava ribollendo.

Lei parlò: «Mi dispiace. Tu... Non ero sicura». Le parole erano giuste ma non il suo tono. Non era abbastanza dispiaciuto.

Quando finii la mela, feci cadere il torsolo nella ciotola per i cereali, così avrebbe dovuto lavarla comunque. Aprii il rubinetto del lavandino senza motivo, lo lasciai scorrere e me ne andai in bagno. Uscii lavandomi i denti, gironzolai per la casa, ci misi secoli, praticamente quasi soffocandomi per le risate represse nel vederla tenermi d'occhio furtivamente mentre fingeva di essere impegnata a spolverare. Ritornai al rubinetto della cucina, che lei aveva già richiuso, e lo riaprii per sciacquarmi la bocca ma non lo spazzolino. Quello lo mollai nel lavandino, lasciai di nuovo l'acqua a scorrere e me ne andai. Mentre oltrepassavo il bagno, dove il tubetto del dentifricio era rimasto aperto, sentii che il rubinetto veniva richiuso. E poi lei lavò la ciotola e rimise a posto le cose della colazione.

Un pensiero improvviso: *Fuma una sigaretta – adesso!*

Andai al cassetto della biancheria. Sollevai la pila di mutande, tutte bianche di cotone, per recuperare il pacchetto di Salem che avevo nascosto là sotto. Non c'era più.

La rabbia mi ribollì fino in gola.

Mi piazzai sullo sgabello al bancone, in posizione da treccia. Adesso lei era in salotto. «Le hai prese tu?» chiesi.

Lei si fermò, mi guardò, la faccia dell'innocenza. «Cosa?»

«Lo sai.»

Lei continuò a fissarmi. Io anche. Capitolai, e la odiai per questo. «Le mie sigarette. Le Salem. Stavano sotto le mutande. Sei tu che fai il bucato. Tu che metti le mani nei miei cassetti. Dove sono?»

«Le ho buttate» rispose. Così. Pratica. Come se non fosse un problema.

Il suo atteggiamento disinvolto, la sua confessione immediata, mi colsero di sorpresa per un attimo. La guardai storto. Era china sul tavolino del salotto, a spolverare. «Tu non getti via la mia roba» le dissi.

Lei continuò a spolverare lo stesso punto. Disse qualcosa, ma non riuscivo a credere alle mie orecchie.

«Cosa hai detto?» chiesi.

Si raddrizzò. Mi fronteggiò. «Ho detto, tu non fumi sigarette qua dentro.»

Ero scioccata. «Chi ti credi di essere? Non puoi dirmi quello che devo fare. Non sei mio padre.»

«Quando lui non è qui, ci sono io al comando.»

La calma nella sua voce era esasperante. Da dove veniva questo improvviso diritto? Mi misi a ridere. «Ah!

Sì, te lo dico io di cosa sei al comando. Dello straccio per la polvere, ecco di cosa.» Stavo alzando la voce.

Lo straccio cadde sul tavolino. Eloda si sedette sul divano. Non potevo crederci. Tranne che a pranzo, non l'avevo mai vista sedersi. Diede un colpetto con la mano sul cuscino accanto a lei. «Vieni a sederti» disse.

Quasi lo feci. Eccola lì, a comportarsi in modo materno, offrendomi quello che avevo desiderato così tanto per molto tempo – ma ero troppo gonfia di cattiveria e autocommiserazione. Le risi in faccia. «Non dirmi quello che devo fare. È troppo tardi. Non ho bisogno di te.»

Si mise le mani in grembo. «So che stai attraversando un brutto periodo, Cammie.»

Brutto periodo.

L'eco delle parole di Thomas Browne mi colpirono come una palla foul presa sul mento.

Scattai: «Non sai un bel niente. E come ti permetti di chiamarmi Cammie? Per te sono "signorina Cammie"». Le puntai un dito contro. «Sei tu la criminale, da queste parti. E io sono il capo.» Raccolsi lo straccio. «Devi solo spolverare, porca miseria!» Le scossi lo straccio davanti alla faccia. «Sei la mia cameriera!» Le gettai lo straccio addosso. «Spolvera!» Mi fiondai verso la porta. Poi mi girai. Di nuovo puntai il dito contro di lei. «E alzati dal *mio* divano!»

Lei non si mosse nemmeno. Se ne stava là seduta così calma, come se stesse aspettando qualcuno in guanti bianchi che le passasse una tazza di tè.

Mi fiondai sulla scopa, appoggiata allo stipite della cucina. Con una forza che veniva da qualche riserva di rabbia, spaccai il manico a metà sul mio ginocchio.

«Spazza!» gridai. Le agitai contro il manico spezzato. «Spazza, maledetta!»

Mi stava guardando come se non mi avesse mai guardata prima, come nelle mie fantasie mi guardava mia madre. Mi cadde il bastone dalle mani. Cominciai a piangere.

Attraverso il velo di lacrime, vidi che si alzava e veniva verso di me. Tesi le mani avanti. «Ferma!» Si fermò. Farfugliai: «Non ti voglio più! Mi dispiace di averti fatta entrare in casa mia. Mi dispiace di averti fatto un regalo di compleanno. Mi dispiace se ho mai… se…».

Lei venne più vicino. «No!» gridai. Si fermò di nuovo. «Non toccarmi. Voglio che vai fuori da casa mia. Non sei mia madre! Per te sono solo un lavoro comodo!» Stavo ululando. Pestai un piede. «Vattene! O accendo un fuoco!»

Lei non si mosse. Non se ne andò. Non venne ad abbracciarmi e a calmarmi con l'affetto. Non fece niente a parte parlare, con una voce dolce come il latte. «È ora che tu vada là, Cammie.»

Cercai di metterla a fuoco attraverso le lacrime. «Eh?» chiesi.

«Lo devi fare adesso» disse. «Avresti già dovuto farlo da tempo. Non aspettare nemmeno un altro minuto. Per favore. Fallo. Vai.»

«Fare cosa?» chiesi, o gemetti, o gridai. «Andare dove?»

Lei rispose con due semplici parole: «Lo sai».

Certo che lo sapevo. Lo avevo capito non appena aveva cominciato a parlare. Ma una domanda mi tormentava l'anima: come faceva a saperlo, lei?

Non riuscivo a parlare. Non riuscivo a muovermi.

«Signorina Cammie.» La sua voce era più alta. «Cammie… per favore… fidati di me. Ti conosco… tu devi… devi andare a parlare con lei… adesso.»

Aveva ragione.

Era passato troppo tempo.

Mi fiondai alla porta, poi giù per le scale. Delle voci mi chiamarono mentre sfrecciavo attraverso la Reception. Il traffico ruggiva. Alla fine dell'isolato, mi misi a correre. Oh, Dio, aveva così ragione, non c'era un momento da perdere. Non avevo altri guantoni da seppellire, o bici da affondare. Corsi giù per Airy Street e poi per la Swede e a ogni passo dipanavo i giorni della mia vita; corsi giù per la Cherry finché non incrociai la Oak e finalmente, finalmente trovai me stessa all'Angolo e mi gettai a terra, sull'asfalto, in quel punto – oh, sapevo bene qual era – faccia a terra sull'asfalto che era caldo e scuro e finalmente, finalmente piansi ad alta voce: «Mammaaa!». È l'unica parola che ricordo. Quali furono le altre e se avessero senso o per quanto tempo continuai a pronunciarle, non lo ricordo. Tredici anni stavano straripando, inondando la strada, scorrendo negli scoli.

Per quanto tempo restai lì faccia a terra sulla strada? Non lo so. Creai problemi al traffico? Al quartiere? Probabilmente. Penso di ricordare delle mani che mi rimettevano in piedi, guidandomi fino al marciapiede. Penso di ricordare di aver camminato, di aver percorso tutti i marciapiedi della città, di aver continuato a camminare fino allo sfinimento finché non mi ritrovai sulle scale di casa, a fissare le ballerine nere di Eloda, il bordo di jeans del suo vestito. Alzai lo sguardo. Era arrivata a metà scala per venirmi incontro. Aveva la faccia bagnata di lacrime.

Mi prese le mani tra le sue. La mia pelle era nera di catrame. La parte superiore delle mie unghie non c'era più. Le punte delle dita erano rosse di sangue incrostato. Mi portò al lavandino e fece scorrere l'acqua calda e mi lavò le mani. Le tamponò per asciugarle. Baciò ogni dito ferito.

Probabilmente mi diede qualcosa da mangiare. Forse mi addormentai sul tavolo. So solo per certo che alla fine mi ritrovai a letto, e lei mi stava sfilando le scarpe e penso che fossi già semiaddormentata quando sentii un movimento sul materasso. Mi girai. Era seduta sul letto. Mi guardava con tutto l'amore materno che avevo sempre desiderato. Feci un patto con il sonno: *Puoi prendermi, ma prima dammi un paio di minuti. Non voglio perdermi questo momento.* Allungò una mano e mi toccò la guancia. Mi accarezzò i capelli senza treccia. Mi massaggiò la schiena. «Ti piace?» sussurrò. Io mugolai. Lei massaggiò ancora. Allungai anch'io una mano. Le nostre dita si allacciarono, come una treccia. Penso di averla sentita sussurrare: «Fai sogni d'oro, bambina. Che la vita ti sorrida». Sentii un bacio sulla guancia.

CAPITOLO CINQUANTANOVESIMO

Quando mi svegliai, il giorno dopo, ero da sola nel letto. Mi passai le dita sulla guancia. Riuscivo ancora a sentire quel bacio. La luce si spandeva dalla finestra.

C'era il solito odore di pasticcio di maiale nell'aria – ma c'era anche qualcosa di diverso. Mi misi a sedere. Annusai. L'odore era più intenso. Molto di più.

Mi alzai dal letto e andai alla porta. La aprii. Ora l'odore era avvolgente. E c'era qualcos'altro: lo sfrigolio. Riuscivo a sentirlo. Sfrigolio da piastra. Veniva dalla nostra cucina. Mi stava facendo il pasticcio!

«Eloda!» gridai, e corsi in cucina. Ma non fu Eloda a girarsi verso di me dai fornelli. Era mio padre.

«Dov'è Eloda?» chiesi.

«Buongiorno» rispose lui. «E non c'è di che, mangiatrice di muso di porco.»

Lo ripetei: «Dov'è Eloda?».

«Rilasciata» rispose.

Lo guardai a bocca aperta. «Rilasciata?» Sapevo il significato di quella parola, ma non aveva comunque senso. «Vuoi dire, libera?»

Annuì. «Ha scontato la sua pena.»

Mi sentii morire. «Non è possibile! Non me lo ha detto. Lo avrebbe fatto!» Non riuscivo ancora a farmelo entrare in testa. «Non è più in prigione?»

Lui fissava la piastra. «Libera come un uccello.»

Odiai il tono asciutto con cui lo disse. La cucina era calda di sole estivo e profumata di pasticcio fumante, ma sentivo freddo come a gennaio.

Sbattei la forchetta sul tavolo. «Non lo avrebbe mai fatto! Non se ne sarebbe andata senza salutarmi!» A quel punto probabilmente stavo piangendo.

La spatola era ancora tra le sue mani. Afflosciò le spalle. Quando si girò, aveva un'espressione triste. «Cammie, mi dispiace...» E poi si mise a dire cose ridicole, cose che non volevo sentire, come: «L'estate è finita». E: «Adesso sei una signorina». E: «Non avrai più bisogno di qualcuno che ti faccia da baby-sitter». Bla bla bla.

Ne avevo abbastanza di tutte quelle balle. Non persi tempo a mettermi le scarpe. Mi fiondai fuori dalla porta. Ero a metà scala quando mi ricordai: niente più bicicletta. Era nel torrente, dove l'avevo scagliata.

Senza scarpe, con ancora indosso i vestiti del giorno prima, mi misi a correre sulla Airy... sulla Hector... sulla Marshall... sulla Swede... 428. Era identica, porticato e tutto. A parte una cosa: le veneziane. Erano alzate. Le finestre mi fissavano come occhi spalancati e vuoti. Bussai alla porta, presi a pugni il campanello. Guardai nella finestra al pianterreno. Penombra. Mobili. Feci il giro della casa, bussai alla porta sul retro. Bussai alla finestra. Raggiunsi il cortile laterale e gridai: «Eloda!».

«Se ne sono andati.»

Una voce dal marciapiede. Un ragazzino, otto o dieci anni, era fermo davanti alla cancellata di ferro nero, mezzo ghiacciolo in mano. All'arancia. Indossava un cappellino degli Yankees, perciò non mi piacque all'istante.

«Cosa?» chiesi.

Lui succhiò il ghiacciolo. «Si sono trasferiti.»

Non registravo il dato. «Se ne sono andati?»

«Sì.» Stava sorridendo.

Andai verso di lui. Fece un passo indietro. «Che cosa c'è di così divertente?»

Il suo sorriso svanì. «Niente.»

«Tutte e due? Sono andate via? Trasferite?»

«Sì.»

«Ma ci sono ancora i mobili.»

«Erano in affitto. I Puppo. Una di loro è una criminale. Stava in prigione. È appena uscita. Avevano affittato la casa da noi. Abitiamo alla porta accanto. Ti ho sentita.» Morse la punta del ghiacciolo.

«Sono i *Pupko*» specificai. «Quando?»

Parole bofonchiate arrivarono dalla sua bocca piena di ghiaccio all'arancia. «Quando cosa?»

«Quando se ne sono andate?» Eloda aveva passato la sera con me.

«Oggi.»

E quando mi ero svegliata non c'era più. «Questa mattina?»

«Sì. La criminale e sua sorella. Ho visto il furgone dei traslochi.»

Era appena andata via. Era tutto programmato. Sapeva che sarei venuta a cercarla? «Dove sono andate?»

Di nuovo il sorriso. «Non lo so.»

Uscii dal cancello. Lui arretrò fino al ciglio del marciapiede, osservandomi. Pensai di strappargli il ghiacciolo di mano. Ma non lo feci.

All'improvviso sentii il dolore sulle dita. Mi riavviai verso casa. Lo sentii gridarmi dietro, ridendo: «Ma che, vai in giro senza scarpe?».

Sulla Marshall, stavo di nuovo correndo. Mi ero ricordata una cosa: il suo regalo di compleanno. Non lo avevo nemmeno aperto, e nemmeno gli altri. Lei li aveva sistemati in ordine in un angolo della stanza. Il suo era in cima alla pila. Strappai la carta e lo aprii, scoppiando in lacrime. Era un nastro per capelli. Verde brillante.

Il giorno dopo, cominciai la terza media.

CAPITOLO SESSANTESIMO

Sport. Club. Attività. Studio. Mi buttai a capofitto nella scuola.

Si era sparsa la voce della mia scenata alla festa di compleanno. «Ehi, Tornado» sentivo nei corridoi, «posso venire alla tua prossima festa?» Io ridevo e facevo finta di niente.

Vedevo un sussulto nello sguardo dei miei compagni di scuola quando si ritrovavano faccia a faccia con Cammie O'Reilly detta il Tornado. E poi la sorpresa quando li oltrepassavo – magari sorridevo perfino! – senza un pugno, un'occhiataccia o una parola cattiva.

Reggie, per fortuna, mi perdonò come sempre. Il primo giorno mi abbracciò fuori dall'aula di geografia e non diede segno di ricordare che l'avevo trascinata fino da Fiore per metterla davanti alla signora Pinto. Non nominò mai più Marvin Edward Baker.

In effetti, feci pace con tutte le Galeotte. Le invitai

da me per un pigiama party con pizza, e vennero tutte. Anche Glenda Schmoyer! L'accolsi all'ingresso di casa con un regalo incartato. Lo aprì. Scoppiò a ridere. Era uno spazzolino da denti.

In quei primi mesi di terza media, sembrava che mi facessi un nuovo amico al giorno. Quando l'ultima crosticina cadde dalle mie dita, nessuno mi chiamava più Tornado.

L'unica nota dolente era Danny Lapella. Non mi rivolgeva più la parola e non mi guardava. Non lo biasimavo. A volte avrei voluto che mi colpisse. Mi avrebbe fatto sentire meglio. Ma sapevo che non l'avrebbe mai fatto.

C'era anche qualcos'altro che mi disturbava – anzi, che non mi disturbava, visto che era più un'assenza che una presenza – e mi ci volle un po' per capire cosa fosse.

CAPITOLO SESSANTUNESIMO

Ogni sera crollavo a letto, esausta. Non ero mai stata così impegnata in tutta la mia vita. Anche i weekend adesso erano pieni di compiti e amici. Riuscivo ad andare nel cortile delle detenute solo il sabato mattina.

Questo ovviamente non significava che fossi troppo indaffarata per pensare a Eloda. Al contrario, il pensiero di lei mi accompagnava da quando mi alzavo la mattina a quando andavo a letto la sera. Sul fronte mamma sostituta, ero messa peggio che mai: adesso ne avevo due da rimpiangere.

E forse qualcosa dentro di me, qualcosa di inconsapevolmente saggio, mi spingeva a tenermi impegnata, a continuare a muovermi, finché non tornavo ad affondare nelle acque scure di me stessa. Perciò quello che successe una certa domenica di novembre mi colse di sorpresa.

Ero tornata a casa dal cortile delle detenute. Ero seduta sul divano in salotto. Per una volta, non facevo niente. Ero sola. Me ne stavo seduta lì. E cominciai a piangere.

Non avevo idea del perché. Non stavo pensando o provando niente di particolare. Le lacrime erano semplicemente venute fuori dal nulla. Non era un pianto pesante a singhiozzo. Era un pianto quieto. E dopo un paio di minuti passò, come un temporale estivo.

Mi alzai dal divano e andai sulla Torre della Morte, una cosa che non facevo dall'inizio della scuola. I salami che avevo affettato con la spada della Guerra Civile non c'erano più. Al soffitto era appeso uno squadrone nuovo, avvolto da tela e spago. L'aria lassù era gelida. L'inverno era alle porte.

Rimasi al centro della stanza circolare, girandomi lentamente, sentendo di essere lì per una ragione, ma quale? Osservai i familiari simboli della mia infanzia che stavano nell'attico, la mia seconda stanza: i vecchi schedari, il cappio, la vasca piena di bambole di pezza sfilacciate, il cartello VIETATO SPUTARE. Toccai il cassetto di legno che custodiva la lettera di Thomas Browne. Aprii un altro cassetto e tirai fuori la scarpa di mia madre. La cullai. La baciai e la rimisi a posto. Tutto sembrava identico a prima. Rimasi ferma. Chiusi gli occhi. Forse se smettevo di guardare, sarebbe arrivato. E invece no.

Lasciai la stanza sulla torre. Ero a metà delle scale quando sentii una voce. Sembrava provenire dalle pietre del muro che mi circondava. Era la voce di un uomo, e pronunciò le parole con una tale autorevolezza che capii che doveva essere Thomas Browne: "Il brutto periodo è finito".

Mi fermai. Ascoltai ancora. Accostai la faccia alla pietra verdognola. Ma la voce era sparita, era tornata nella lettera.

Tornai in casa. Infilai la giacca e andai fuori. Piccoli fiocchi asciutti guizzavano su Airy Street. Una spruzzata breve? O la prima nevicata della stagione? Chissà. Questa volta non mi misi a correre. Non avevo fretta.

Lungo la strada cominciai a sentirmi così leggera che mi sembrava di potermi sollevare in volo con i fiocchi. Capii in quel momento che cosa stessi cercando e come mai non lo trovassi. Si trattava, ovviamente, della Tristezza. La Tristezza e la Rabbia mi avevano rinchiusa tutta la vita dietro mura che nessuno poteva scalfire e al di sopra delle quali nessuna palla di corda poteva volare. L'unica casa, l'unica vita che conoscevo. Ora capivo che quando Eloda mi aveva mandata all'Angolo, mi aveva liberato dalla mia stessa prigione.

All'Angolo questa volta non piansi né mi gettai a terra. Rimasi vicino all'ingresso di mattoni del numero 203 sulla West Oak e sentii la presenza di mia madre e chiusi gli occhi per sussurrarle: «Il brutto periodo è finito, mamma. Il passato è risolto. Adesso devo pensare al futuro. Sto bene».

E tornai a casa.

CAPITOLO SESSANTADUESIMO

Passarono i mesi.

Un giorno vidi Danny Lapella tra la folla del cambio dell'ora. Pensai: *Basta!* Lo afferrai. Lo scossi. «Parlami» ordinai. «Colpiscimi. Fai qualcosa.»

Restammo lì impalati mentre la folla sciamava intorno a noi. Poi scoppiamo a ridere insieme.

Passarono gli anni. In prima superiore io e Danny andammo al ballo insieme. In doppia coppia con Reggie e il suo fidanzato del mese.

In seconda superiore scoprimmo che gestivamo meglio un rapporto d'amicizia che una storia d'amore. In effetti, andammo un passo oltre l'ordinaria amicizia. Ci eleggemmo fratello e sorella onorari.

Il 29 agosto di ogni anno le Galeotte celebravano il mio compleanno nell'appartamento della prigione. E restavano a dormire.

Diventai il capitano della squadra di hockey su prato. Reggie ebbe il ruolo principale nella recita della scuola.

Tommy D e Arlene Holtz si lasciarono. Non che alle Galeotte importasse qualcosa. A quel punto avevamo smesso di guardare "Bandstand".

Interruppi la mia carriera di taccheggiatrice. E smisi di terrorizzare i ragazzini con le loro madri. E di gettare rifiuti a terra. A un certo punto Reggie mi dichiarò capace di vestirmi da sola. Alla fine misi il rossetto Rosa Passione che mi aveva comprato quell'estate.

Carl il cuoco scontò la sua pena e venne rilasciato. Niente più torta settimanale. Il nuovo cuoco ci provò, ma non era la stessa cosa. Il giorno che Carl se ne andò, lo implorai di commettere un altro crimine, grave quel che bastava per tornare in prigione finché io non fossi andata all'università. Lui rise, uscì dal portone e non si voltò indietro.

Un giorno in terza superiore Reggie mi trattenne mentre uscivamo dagli spogliatoi per andare in palestra. Mi strinse la mano. Si chinò verso di me e mi disse: «Grazie», e mi diede un buffetto sulla guancia prima di correre in campo. Prima che la lezione di Educazione fisica finisse, avevo fatto il collegamento. Era il giorno dell'esecuzione di Marvin Edward Baker. Dissero che era stato stoico, che non aveva fatto storie. Dissero che quando la leva della sedia elettrica fu abbassata, le luci di Rockview tremolarono. Qualcuno disse che era l'angelo di Annamarie Pinto, un frullio delle sue ali.

Mi sentivo a mio agio a Mogins Dip, a Mill Street, così come nel mio quartiere. La cena con gli Strong diventò un appuntamento settimanale. Anche mio padre si univa a noi, qualche volta. Ridevamo sempre raccontando del giorno in cui avevo "rapito" Andrew. Io e Missy diventammo grandi amiche. Andrew diventò, e ancora è, il fratello minore che non avevo mai avuto.

Il tintinnio delle bottiglie quando passava il furgoncino del latte attirava ancora la mia attenzione, ma sempre di meno. E le bottiglie di vetro stavano per essere sostituite dalle confezioni di cartone.

Ma la cosa più bella di tutte fu che scoprii Chester T. O'Reilly.

Scoprii che era molto più di un padre e di un direttore di prigione. Era una persona. Con un suo passato e grandi storie da raccontare. A volte riusciva perfino a essere fantastico. Scoprii di non essere stata l'unica che aveva perso qualcosa di insostituibile quando il furgoncino del latte aveva sbandato.

Scoprii che era perfettamente capace di dirigere una prigione da solo. Perciò glielo lasciai fare.

Scoprii che anche se crescevo e rimanevo alzata fino a tardi, lui era sempre nella sua poltrona in salotto finché non andavo a letto. Scoprii che quando dicevo: «Buonanotte, pa'» e lo baciavo sulla guancia, lo rendevo la persona più felice della terra.

Scoprii che era stato lui, e non mia madre, a chiamarmi Camille.

Scoprii che potevamo parlare. Non litigare. Non discutere. Solo parlare. E ridere. Parlare e ridere così tanto che le nostre cene durarono sempre di più. Non riuscivo a stare zitta. Non ridemmo mai tanto quanto quel giorno in cui blaterai senza sosta sull'agonia di dover decidere tra due ragazzi che mi piacevano. Mio padre alla fine si mise le mani sulle orecchie e disse: «Dov'è quel trattamento del silenzio quando mi serve?».

Scoprii che mio padre era un grande attore. Passarono anni senza che io sospettassi che stava aspettando il momento giusto per tirar fuori la più grossa sorpresa della mia vita.

CAPITOLO SESSANTATREESIMO

Avevo diciassette anni, ero in quarta superiore. Gennaio. Stavamo chiacchierando a cena, come al solito. Mio padre mi raccontava della sua infanzia a Trenton, nel New Jersey.

«Ero un attaccabrighe» disse. «Mi mandavano nell'ufficio del preside un giorno sì e uno no. Ero l'incubo di genitori e insegnanti.» Aveva coperto di pittura il cane dei vicini. Si era fatto un taglio alla moicana da solo, quando aveva otto anni. Convenimmo che tutte queste sue malefatte erano ancora più divertenti se si considerava che cosa era diventato da grande.

Siccome tra di noi sembrava esserci aria di confessioni, decisi di lasciarmi andare. Gli raccontai di quando avevo lasciato che le Galeotte scorrazzassero libere nel cortile delle detenute. La cosa lo divertì tantissimo.

E poi dissi: «E quella stessa estate, un giorno fumai una sigaretta davanti a Eloda. Nella lavanderia».

All'inizio restò impassibile. Pensai che non mi avesse sentito. Mi fissò e basta. Poi mise giù la forchetta. Sorrise. Sorrise a me. Disse: «Lo so».

Non ci credevo. «Ma no» dissi. «Non hai mai detto una parola. Lei non te l'ha mai detto.» Lui continuò a sorridere. «O sì?» chiesi.

Lui annuì. «Sì. Mi disse tutto.»

«Ma tu non mi rimproverasti. Non mi chiudesti nelle segrete.»

Allungò una mano sul tavolo per prendere la mia. «Immaginai che fosse solo un modo per attirare la sua attenzione.»

Wow. Quello mi arrivò dritto al cuore. Non riuscivo a parlare.

«A volte mi chiedevo» disse lui «se questo giorno sarebbe mai arrivato. Da quanto ci ha lasciato?» Un attimo di perplessità. Un sussulto. E realizzai che c'erano due "lei" nella mia vita. «Eloda» specificò lui.

Non dovevo pensarci. «Più di quattro anni. Papà, ma di cosa stai parlando?»

Lui si allontanò con la sedia dal tavolo, come se volesse avere una visuale migliore. Avevo la strana sensazione che stesse immaginando Eloda dietro di me. «Mi disse: "Non ne parli con la signorina Cammie finché lei non le racconterà della sigaretta".» Fece una risatina al ricordo. «Considerato tutto quello che aveva fatto per noi, era una condizione che potevo rispettare.»

«Be', fantastico» sbottai. «Sono felice per te. Tanto io non so nemmeno di cosa stai parlando.»

«Ehi!» Alzò le mani. «Io sto solo eseguendo degli ordini.»

«Papà.»

«Devi promettermi una cosa.»

«Qualsiasi cosa. Cosa? Cosa?»

«Non te la prenderai con me perché ho aspettato così tanto a dirtelo? Stavo solo...»

«... Eseguendo gli ordini. Prometto. Però adesso dimmelo e basta.»

«Ci ho lavorato per quattro anni. Cambiando l'ordine. Facendo pratica.»

«Papà!»

E allora me lo raccontò.

CAPITOLO SESSANTAQUATTRESIMO

«Ventinove aprile millenovecentocinquantanove» disse.

Attesi il resto, ma era tutto. «Okay» dissi. «E allora?»

«Ricordati la data.»

«Ventinove aprile millenovecentocinquantanove. Fatto.»

«Okay. Tienila a mente. Ci torniamo dopo.»

«Va bene.»

«Quindi... lei cominciò a lavorare per noi a gennaio di quell'anno, ricordi?»

Ridacchiai. «Quei capelli. Il suo nome. Come potrei dimenticarlo?»

«Bene. Facciamo un passo avanti. Il fuoco nella vasca. Ti suona?»

Trasalii. «Ti ha raccontato anche questo?»

Fece un'espressione di superiorità, come a dire: "Certo che sapevo tutto quello che combinavi". «Un giorno viene nel mio ufficio. Entra e mi dice due cose, senza preamboli. Dice: "La signorina Cammie ha appiccato un fuoco nella vasca da bagno". E poi: "Voglio essere più di una cameriera".»

«Che cosa intendeva?» domandai.

«Fu esattamente quello che le chiesi. Rispose con quattro parole. Non le dimenticherò mai: "Ha bisogno di me".»

Ha bisogno di me.

Fui attraversata da un brivido. All'improvviso avevo di nuovo dodici anni. Le parole di Eloda erano così vere che potevo vederle aleggiare tra me e mio padre, al di sopra del tavolo. La sua mano ci passò attraverso e mi toccò. «Cosa potevo dire? Aveva ragione. Stavo facendo del mio meglio ma non era abbastanza. Non solo perché eri una monella. Tutti i bambini lo sono. Tu non eri...» Fece una pausa, cercando le parole.

Gliele diedi io: «Mai felice».

Annuì. «Mai felice. Lo vide anche lei. Disse che con l'arrivo delle vacanze estive saresti stata a casa tutto il tempo e avresti avuto bisogno di più attenzione che mai.»

«Donna intelligente» commentai.

«Di più. Certo, avevo già controllato tutto su di lei prima di farne una detenuta di fiducia. Ma a quel punto, feci un controllo doppio.»

La sua scheda in prigione era pulita. Non si metteva mai nei guai. Mio padre aveva chiesto di lei alle altre detenute. Risposero tutte la stessa cosa: "Passa un sacco di tempo nella Stanza della Quiete".

Saltai su dalla sedia. «Lo sentii dire a Boo Boo.» Battei le mani. «Papà, ha funzionato!»

«Be', sì...» Si fece timido all'improvviso. «Sei carina a pensarlo.»

Era andato in tribunale a rileggere il suo fascicolo. Era andato più a fondo del fascicolo. Aveva parlato con il poliziotto che l'aveva arrestata. Da tutte queste fonti uscì fuori la storia di una ragazzina fuori controllo. Il terrore di Two Mills. Sigarette. Alcol. Fuori a tutte le ore. Compagnie sbagliate.

E tutto accadde in una notte sfortunata, vicino ai binari. Eloda stava facendo baldoria con degli amici nel vicolo dietro River Road. Gettò via il mozzicone di una sigaretta ancora accesa. Atterrò su un mucchio di stracci intrisi d'olio dietro il garage di Doke il meccanico. Nel giro di pochi minuti il garage era in fiamme e Eloda, sbalordita, la faccia illuminata dal fuoco, disse al poliziotto: «Sono stata io».

«Stai scherzando» dissi.

«No» rispose mio padre. «È vero. Il poliziotto lo trascrisse nel suo rapporto: *Sono stata io*. Fu così che capii di avere per le mani qualcosa.»

Riuscii a dire solo: «Wow». Scuotemmo la testa e condividemmo una risata. Nessuno (a parte Boo Boo) aveva mai detto: "Sono stato io" nella prigione della contea di Hancock. Vivevamo a contatto con duecento persone che ripetevano: "Io non c'entro".

In un attimo la giovane, ribelle, aggressiva Eloda diventò un'ospite della prigione. Un anno, per incendio colposo.

E ricordai:

Regola numero uno. Niente incendi.

Mio padre era andato a far visita alla sorella maggiore, Roxanne, in Swede Street. "Imprevedibile" fu la parola che usò per descrivere Eloda. Roxanne disse che sì, poteva essere fuori controllo e sconsiderata, ma non era cattiva. Avrebbe potuto evitare un sacco di guai semplicemente dicendo: "Non sono stata io". Ma non sapeva mentire. E il garage che fu raso al suolo dall'incendio la spaventò. Avrebbe potuto fare del male a qualcuno.

Mio padre aveva raccontato alla sorella dell'idea di Eloda di essere più di una cameriera. Sua sorella non ne era stata sorpresa. Faceva visita a Eloda in prigione ogni settimana (non lo venni mai a sapere), ma era dalle frequenti lettere di Eloda che aveva appreso della sua preoccupazione per me. Il che era gentile da parte sua, aveva detto mio padre – ma perché? Perché Cammie?

Il fuoco nella vasca, aveva risposto Roxanne. Quello aveva davvero spaventato Eloda, perché era stato un incendio a portarla in prigione. E poi le madri, disse. Nessuna delle due aveva una madre. Le ragazze Pupko avevano perso il padre quando erano piccole. Ucciso nella Seconda guerra mondiale. Poi era morta anche la madre, di cancro al colon. Era stato allora che Eloda era andata fuori dai binari. Non si era mai presentata alla cerimonia dei diplomi. Era scappata chissà dove. Quando era tornata a Two Mills, era una scheggia impazzita.

E qualcosa che aveva scritto in una lettera: *Ho paura per lei. Mi ricorda me.*

E poi ricordai: *Cammie... fidati di me... io ti conosco...*

Dissi a mio padre: «Ho dovuto toccare il fondo prima di stare meglio».

Lui annuì. «Lo so.»

«Ero un disastro. Non solo per la sigaretta.»

«Lo so.»

«O il fuoco nella vasca.»

«Lo so!»

Scoppiammo a ridere nel modo tipico di chi sa di aver passato il peggio. Ci tenemmo la mano sul tavolo. Soffiammo sulle braci della memoria.

«La mia festa di compleanno... mio Dio...»

«Andai in bagno nel mezzo della notte pensando di dover scavalcare corpi addormentati. Invece erano andate via!»

«Spinsi Reggie sul pavimento. La mia migliore amica!»

«Lo so. Sua madre mi chiamò. E so anche del taccheggio.»

Mi sentii gelare. «Ho sempre pensato che non te l'avesse detto.»

«Infatti. Fu il capo della polizia a informarmi.»

«Oh, papà... come hai fatto a sopportarmi? Papà, pestai un bambino al campo da baseball. Avresti dovuto sentire cosa dissi agli altri ragazzini. Colpii il mio amico Danny Lapella. Seppellii il mio guantone.»

«Mi chiedevo che fine avesse fatto. E la bicicletta?»

«Nel torrente! Papà...» E all'improvviso non ridevo più, ma piangevo a dirotto. «Papà, ero una peste. Ero fuori di testa.»

Mi baciò la mano. Mi asciugò le lacrime dalla faccia. Sorrise. «Eri perfetta.»

Che cosa curiosa da dire. Mi soffiai il naso in un tovagliolo. «Che vuoi dire?»

«Ci ho pensato su per anni» rispose. «Forse eri quello

di cui aveva bisogno. Forse eri un pacchetto "tutto incluso". Aiutarti era il suo modo per aiutare se stessa.»

«Più che aiutarmi, papà» dissi, «lei mi ha salvata.»

Annuì. «Amen.»

Andò a prendere il gelato nel frigo. Fece una porzione al cioccolato per me, e una alle noci per lui.

«Papà» chiesi, «perché ci hai messo tanto? Quattro anni. Perché non mi hai raccontato tutto prima?»

«Come ho detto, ho eseguito degli ordini. Aspettare finché tu non avessi confessato della sigaretta.»

«Ho capito» dissi. «Ma perché?»

Valutò la domanda. «Penso che volesse mettere un po' di distanza tra te, lei e quell'estate.»

Distanza.

Pensai a lei, che si muoveva silenziosa nell'appartamento. Non rideva. Non chiacchierava. Fredda. Glaciale. Con alcune, preziose eccezioni.

«Lo sai, no?» dissi. «Era per quello che fumai nella lavanderia. Volevo provocarla. Volevo che mi mostrasse qualche emozione. Che mi urlasse contro. E lei invece si comportò come se a malapena lo avesse notato. O le fosse importato.»

«Una grande attrice. Lei notava tutto. E le importava.»

«Chiamami Cammie, le dicevo. Odiavo quel "signorina".»

Prese una cucchiaiata di gelato. «Perfino io le dissi che non c'era problema a mostrare qualche sentimento in più. Ma lei non ne voleva sapere. Sapeva che eri a pezzi. Voleva lasciarti meglio di quando ti aveva incontrata. Ma senza interferire. Senza mettersi tra te e tua madre. Lei non voleva che tu pensassi a lei come a tua madre.»

Ah! pensai. *Su quello hai fallito, Eloda.*

«E quindi, non troppo amichevole» dissi.

«Non troppo amichevole.»

Una domanda scomoda arrivò di soppiatto. Pensavo di conoscere la risposta ma avevo bisogno che qualcuno lo dicesse ad alta voce. «E quindi, papà... hai detto pacchetto "tutto incluso". Aiutare entrambe. Alla fine, era quello che voleva? Un modo per aiutare se stessa? Un progetto?»

Il suo sorriso fu solo accennato, un sorriso privato. «Vediamo se la penserai ancora così quando ti avrò raccontato l'ultima parte.»

«C'è dell'altro?»

«Ehi, te l'ho detto che ho fatto le prove. Ho conservato la parte migliore per la fine. È quello che fa un bravo narratore, no?»

«Sì, papà» dissi. «È il climax.»

«C'è solo un problema» disse.

«Quale?»

«Non ci crederai.»

CAPITOLO SESSANTACINQUESIMO

Mise giù il cucchiaio. Si chinò in avanti. Mi guardò negli occhi. «Okay» disse. «Ricordi che ti ho detto che lei venne nel mio ufficio?»

«Sì» risposi. «Solo dieci minuti fa. Ti disse che voleva essere più di una cameriera. Tu chiedesti perché. Lei rispose: "Ha bisogno di me".»

Lui annuì. «Ottimo. Un'altra domanda. La data che ti avevo chiesto di ricordare?»

«Ventinove aprile millenovecentocinquantanove» risposi. Per un istante mi sentii orgogliosa come una scolaretta di prima elementare.

«Eccellente. Dieci e lode.»

«Grazie» dissi, stando al gioco. «E prima o poi mi dirai perché ho dovuto memorizzarla?»

«Perché...» disse, chiaramente assaporando l'ultima informazione che aveva atteso quattro anni per confessare. «Aveva finito il suo tempo.»

Nella mia memoria, il silenzio che seguì durò ore. Certo furono solo secondi. Ma compressi in quell'istante in cui cercavo disperatamente un senso alle parole di mio padre. Quell'informazione doveva incastrarsi da qualche parte, ma sembrava non esserci posto. Perciò la rifiutai. E feci una domanda stupida: «Quale tempo?».

«Il tempo della sua pena» rispose lui. «Rilascio. Era libera. È questa la parte che non ti avevo ancora raccontato. Quando venne in ufficio da me e disse che voleva essere più di una cameriera, sarebbe dovuta uscire dopo due settimane.»

«Papà, no.» Si sbagliava di sicuro. «Rimase qui tutta l'estate.» Battei le dita sul tavolo. «Qui. La vidi tornare nella sua cella tutti i giorni. Dopo aver lavato i nostri piatti della cena.»

Lui annuì di nuovo. Gentile. Incoraggiante. Mi lasciava capire le cose da sola.

«Mi svegliai quella mattina, quella mattina di settembre, e se n'era andata. Ti chiesi dove fosse. E tu rispondesti che era stata rilasciata. Che aveva scontato la pena.»

Cenno del capo.

«Mi stai dicendo che una detenuta ha chiesto di restare in prigione quattro mesi in più di quello che prevedeva la sua sentenza?»

Cenno del capo.

«Be', hai ragione» dissi. «Non ci credo.»

Fece una risatina compiaciuta. Poi dalla sua faccia scomparve ogni espressione, ogni traccia di leggerezza. Mi inchiodò con lo sguardo. Disse con un tono che non lasciava scampo: «Credici».

Mi dovetti alzare. Dovevo muovermi. C'era qualcosa di enorme che cedeva sotto i miei piedi. Andai in salotto. Lambii il divano e tornai indietro.

«Non lo sapevo.»

«Non dovevi saperlo.»

«Ma la gente non fa cose del genere.»

«Questa persona sì.»

«Papà, viveva in Swede Street. A qualche isolato di distanza. Avrebbe potuto tornare a casa ogni sera.»

«È quello che le dissi» replicò lui. «Ma lei rispose che voleva restare. Sembrava importante per lei condividere l'estate con te nel modo più totale possibile. Stare sotto lo stesso tetto con te. Aiutare te. Aiutare se stessa.»

Cercai un'altra obiezione, qualcosa di logico, ma non trovai nulla. Le mie difese erano sparite. Sentii che mi stavo inclinando. Mi appoggiai al tavolo per non cadere. «E quindi è rimasta in prigione...»

Mi stavo inginocchiando sulla sedia. «... Ha rinunciato alla sua libertà...»

«Dillo, Cammie.»

«... Per me.»

Lui chiuse gli occhi. Sembrò che un enorme fardello scivolasse via da lui. Disse: «Esatto».

Per me.

Eloda Pupko, un'ex detenuta, un angelo dai capelli arancioni, era rimasta in prigione per prendersi cura di me.

Mi sedetti, sbalordita. Zittita. Annientata dalla meraviglia di quel gesto.

Il mio gelato era una zuppa di cioccolato.

Quando alla fine trovai la voce, dissi a mio padre: «Visto che sapevi tutto, immagino tu sappia anche che l'ultima notte rimase con me. Mi massaggiò la schiena. Mi tenne la mano». Stavo per cedere. «Mi diede un bacio.»

La sua espressione mi disse che non lo sapeva. «No» rispose. «Ma sono felice che l'abbia fatto.» E aggiunse: «Almeno per una volta non è rimasta così a distanza, eh?».

Sentii il punto in cui le sue labbra avevano toccato la mia guancia. «Non mi salutò.»

«Be', non direi» disse mio padre. Si alzò. «Forse lo ha fatto. A modo suo.» Lasciò la cucina. Tornò dopo un attimo con qualcosa in mano. Rosso. Oro.

Mi feci subito attenta. «Il suo diario! Glielo regalai per il suo compleanno.»

«Lo so» ripeté lui. Me lo mise davanti.

«Ma perché ce l'hai tu?»

«Me lo ha lasciato. Disse che potevo leggerlo ma non l'ho mai fatto. "Daglielo quando è pronta" mi disse.»

La copertina rossa sembrava nuova. Percorsi le lettere dorate con le dita, IL MIO DIARIO. Fissai la piccola chiave. Nonostante fossi curiosa, mi sentivo un'intrusa. Come al funerale di Boo Boo.

Mio padre avvertì il mio disagio. «È tuo. Lei voleva che lo leggessi. Tienilo.»

Sollevai la copertina. Non era chiusa a chiave. Girai la prima pagina con le dita che mi tremavano.

ELODA

24 GIUGNO

La signorina Cammie O'Reilly mi ha regalato questo diario per il mio compleanno. Non ho mai avuto un diario. Non so cosa scriverci. Ma lei vuole che lo faccia.

25 GIUGNO

Faccio la treccia alla signorina O'Reilly tutte le mattine. È un maschiaccio. I suoi capelli sono così corti che non riesco a farle nemmeno un intreccio completo.

27 GIUGNO

La sua bruciatura è migliorata. Ancora mi sento male quando ripenso a lei che appicca il fuoco nella vasca da bagno. Per questo sono andata da suo padre e gli ho detto che volevo restare. Non ha una madre.

E nemmeno io. Suo padre fa del suo meglio ma non può stare in casa con lei tutto il tempo. Ha bisogno di qualcuno. Penso a me e a quello che ho fatto. Come può una persona come me essere quel qualcuno? Ma lo vorrei.

28 GIUGNO

Ho trovato delle cicche di sigaretta nella sua stanza. Vuole che pensi che fuma. Vuole la mia attenzione. Non l'ho capito subito perciò ora devo stare attenta. Ricordo a me stessa che il mio compito non è piacerle ma aiutarla a essere forte e non così triste e arrabbiata tutto il tempo. Vorrei che qualcuno mi dicesse come fare.

Le ho lasciato credere di non aver detto a suo padre delle cicche.

29 GIUGNO

Sarei dovuta uscire il 9 aprile. Sarei stata libera da due mesi, a quest'ora. Ma a parte mia sorella e il direttore, il resto del mondo pensa che io sia una detenuta. L'altro giorno, dopo cena, quando sono venuta via dall'appartamento stavo quasi per uscire dalla porta principale invece di tornare alla mia cella. Immagino di cominciare a credere nella mia libertà.

30 GIUGNO

Quando mia sorella è venuta a farmi visita, oggi, le ho detto che qui finirò il 7 settembre. Sarà l'ultimo giorno di vacanza della signorina Cammie. Devo portare a termine il mio compito entro quella data. Ho detto a Roxanne di trovare un traslocatore, di tenersi pronta a trasferirci. Pensa che io sia fuori di testa.

3 LUGLIO

La migliore amica della signorina O'Reilly, Reggie, è andata a "Bandstand" oggi. Il salotto era pieno di ragazzine allegre. È bello vederla ridere.

4 LUGLIO

Mi sto perdendo i fuochi d'artificio al parco. Potrei essere là. Potrei essere libera. Questa è una delle notti più dure in prigione, per me.

7 LUGLIO

Oggi è venuto un bambino qui a casa. Si chiama Andrew. È carino. Mi fa piacere che vadano d'accordo. Ma ho dovuto sgridarla. Un bambino così piccolo non dovrebbe pensare che la prigione sia un posto divertente.

10 LUGLIO

Quando Roxanne è venuta a trovarmi, oggi, mi ha detto che il signor O'Reilly è andato da lei ad aprile. Non riusciva a credere che fossi seria, che volessi stare di più in prigione per aiutare sua figlia. Lei gli ha detto che non sono perfetta ma non dico bugie.

14 LUGLIO

La signorina O'Reilly sta dalla sua amica per tre giorni e tre notti. Leggono le lettere dei fan di Reggie. Sono da sola tutto il giorno in questo appartamento. Penso a lei. Vorrebbe che fossi come una madre. Cerca di farmi cascare nella trappola. Un giorno ha finto di piangere in modo che la consolassi. È una pessima attrice. Mi sono dovuta ripetere: "NON ridere". Mi fa tenerezza. Questo è esattamente ciò che non volevo che accadesse. O forse sì? Non posso permetterle di affezionarsi troppo a me. Lei non sa che alla fine dell'estate dovrò andarmene. È una ragazzina così infelice. Voglio aiutarla ma è più difficile di quello che pensavo.

16 LUGLIO

Oggi c'è gente con i cartelli. Odiano il nostro detenuto famoso, Marvin Edward Baker. Ha ucciso quella ragazzina, Pinto.

19 LUGLIO

Non nomina mai sua madre. Non l'ho mai vista piangere.

20 LUGLIO

La signorina O'Reilly ha preso le mie difese oggi! La sua amica stava fumando una sigaretta e le ho detto di metterla via e lei ha detto questa non è casa tua e la signorina O'Reilly ha risposto sì che lo è. Avrei voluto abbracciarla.

23 LUGLIO

Alti e bassi oggi per la signorina O'Reilly. Prima ha litigato con la sua migliore amica perché aveva cercato di farsi autografare una foto da Marvin Edward Baker. Poi sono arrivate anche altre ragazzine. Si fanno chiamare le Galeotte. Ha delle amiche! Sono andate alla Ghiacciaia per una battaglia a palle di neve.

24 LUGLIO

Lassù sulla torre per ore, che cosa combina? Piange? Pronuncia il nome di sua madre? È spesso di cattivo umore. Quasi lo preferisco, perché altrimenti è peggio. Quando è *niente*. I suoi occhi sono vuoti. Suo padre mi ha detto che non va mai nel posto in cui è successo l'incidente.

25 LUGLIO

Parla un sacco di Boo Boo Dunbar. Sembra piacerle più di tutte le altre detenute.

27 LUGLIO

Penso di essermi sbagliata riguardo ai suoi occhi. Penso che non siano vuoti. Penso che guardino. Cerchino.

Sua madre. Cercano sua madre in me. Vorrei dirle, stai guardando nella direzione sbagliata.

28 LUGLIO

Lo so perché vuole che le faccia la treccia. È una scusa per parlare con me. Faccio più lentamente che posso. Mi sorprende quanto a lungo riesco a far durare un singolo intreccio.

29 LUGLIO

Il compleanno della signorina Cammie è tra un mese esatto. Mi ha raccontato che vuole fare una festa. Ha invitato le Galeotte. Parlerò con Carl per la torta. Voglio che sia un giorno speciale.

30 LUGLIO

Mentre facevo la treccia alla signorina Cammie, oggi (è ancora troppo corta per metterci un nastro) mi ha chiesto di un certo *sputter* qualcosa. Vola nel cielo ma non è un aeroplano. Gira intorno alla terra come la luna ma è molto più piccolo. Ce l'hanno messo i russi lassù. Glielo ha detto Boo Boo Dunbar.

1° AGOSTO

A volte mi siedo qui nella mia cella, la sera, e fisso il muro e mi chiedo perché sto facendo tutto questo. È perché anche lei è orfana di madre, come me? Non penso.

Non riesco a spiegarlo. Con lei mi dimentico di me stessa. Voglio aiutarla finché c'è ancora tempo. Mi basta.

2 AGOSTO

Per il suo compleanno voglio che ci sia una di quelle borse di cartapesta che si appendono al soffitto e i ragazzini bendati la colpiscono con un bastone finché non escono le caramelle.

3 AGOSTO

Vorrei che i suoi capelli fossero lunghi come quelli della principessa nella torre. Potrei far durare le nostre chiacchierate per ore.

4 AGOSTO

Come fai a cercare qualcuno che non hai mai conosciuto?

5 AGOSTO

Ho chiesto alla signora Butterfield di prendere dei festoni in città per me. Volevo darle i soldi ma lei non ha voluto.

6 AGOSTO

La signora Butterfield mi ha dato dei festoni bellissimi che ha preso da Woolworth's. Uno striscione che prende tutta la stanza e dice: "SEI UNA TEENAGER!". Mi sto divertendo così tanto con questa cosa della festa. Non devo fingere. Non mi devo mordere la lingua. Lo sto facendo per Cammie.

9 AGOSTO

Come fai a trovare qualcuno che non riesci a ricordare?

10 AGOSTO

Oggi dopo la treccia stava uscendo. Le stavo rifacendo il letto. Prima di andarsene ha gridato: sto uscendo! Sono rimasta vicino al suo letto con il suo cuscino tra le mani, a piangere. È stato un momento piccolo. Sto uscendo! Sto uscendo! Voglio continuare a scriverlo, diario. È qualcosa che succede nelle famiglie. È qualcosa che i bambini gridano ai genitori.

13 AGOSTO

Oggi è stata una giornataccia anche se è cominciata così bene. La signorina Cammie è andata in gelateria per prendersi una banana split. Sono sicura che fosse felice. Non ha saputo cos'era successo finché non è tornata a casa. Boo Boo Dunbar si è impiccata nelle docce. Tutto il blocco è sotto shock.

14 AGOSTO

Continua a parlare di qualcuno che si chiama Delancy. Dice che è il fidanzato di Boo Boo. Dice che deve trovarlo per avvisarlo di cosa è successo a Boo Boo. Ho paura di dirle che non esiste nessun Delancy.

16 AGOSTO

È rimasta nella torre tutto il giorno. Non la vedo piangere per Boo Boo. Sono combattuta. Voglio confortarla. Voglio prenderla in braccio e cullarla fino a farla addormentare e baciarla mentre dorme. Ma non oso avvicinarmi così tanto.

17 AGOSTO

È andata al funerale di Boo Boo in città. Ha pedalato fin là. È tornata a casa sotto la pioggia, bagnata da capo a piedi. Le ho tolto i vestiti bagnati in cucina. L'ho asciugata con lo strofinaccio per i piatti. Era stordita. Ero quasi grata che piovesse, così ho potuto prendermi cura di lei.

18 AGOSTO

È rimasta nella torre tutto il giorno.

20 AGOSTO

Penso di aver fatto una cosa brutta. È stata così silenziosa e triste in questi giorni. Volevo sentirla di nuovo chiacchierare. Volevo darle un po' di vita. Perciò le ho fatto bere il caffè prima di farle la treccia.

Ha funzionato. Ha parlato. Mi ha detto tutto quello

che le ha raccontato Boo Boo. È stata dura ascoltarla. Credo che debba affrontare la realtà per quella che è. È l'unico modo. Comunque non me la sono sentita di dirle tutto, perciò le ho detto solo una cosa. Le ho detto che non c'è nessun Delancy. Mi ha urlato contro ed è scappata fuori. Ho paura che mi odi.

21 AGOSTO

Nel blocco dicono: guarda quant'è forte il nostro filo per permettere a qualcuno di così grosso di impiccarcisi. Non lo dicono per scherzo. Sono davvero orgogliose dei loro tappeti.

23 AGOSTO

Trascorre tutto il giorno nella torre o in bici. Suo padre è preoccupato. Io sono preoccupata. Si siede per la treccia tutti i giorni, ma non parla. Adesso è lunga due intrecci. Non so come dirle che quando ce ne saranno tre, io me ne sarò andata.

25 AGOSTO

Tra quattro giorni è il suo compleanno. È tutto pronto a parte una cosa. Non riesco a decidermi per il regalo. Ci penso da settimane. Vorrei regalarle qualcosa di speciale ma non può essere costoso e non posso andare a comprarlo in centro. A parte Roxanne e il direttore, il mondo intero pensa che io sia una detenuta. Una vera detenuta.

26 AGOSTO

Ho capito! Ho detto a Roxanne di portarmi una delle sue sciarpe da casa. Una verde. Non le mancherà, ne ha così tante. Mi procurerò una scatola. E delle forbici dal cassetto della cucina. E mi farò dare della carta da regalo da suo padre. Diario fortunato. La tua proprietaria è così intelligente! Non ti dico nemmeno cos'è.

28 AGOSTO

Domani è il suo compleanno. Forse arriverà al momento giusto. Forse le Galeotte la riporteranno in vita. Si siede sullo sgabello tutte le mattine e va sulla torre. È una bambina smarrita. Sono triste insieme a lei ma per un altro motivo. Non sono stata capace di aiutarla. Continuo a vederla mentre la madre la fa volare in aria e lei atterra sul marciapiede in Oak Street.

29 AGOSTO

Le ho dato il suo regalo stamattina. Sembrava sorpresa. Mi ha ringraziata ma non l'ha aperto. L'ho messo sul tavolino in salotto. Ho lavorato tutto il giorno per preparare la sua festa. È ancora nel suo mondo. Passa davanti allo striscione ma non sembra vederlo. Mentre me ne andavo, le Galeotte stavano salendo le scale.

30 AGOSTO

Sono confusa. Sono arrivata stamattina aspettandomi di vedere ragazzine addormentate per tutta casa. Non ce n'era nemmeno una. Perfino la signorina Cammie era sparita. Ma la pignatta era rotta, c'erano caramelle dappertutto.

1° SETTEMBRE

È cambiata. Prima della festa era come nella nebbia. Adesso c'è una luce selvaggia nel suo sguardo. Mi parla mentre la pettino. Mi racconta mille volte le cose brutte che ha fatto come se stesse cercando di sputarle fuori da se stessa. Poi sparisce per tutto il giorno. I regali di compleanno sono ancora sul tavolino. Non li ha aperti.

3 SETTEMBRE

Ho paura per lei. Ho fallito il mio compito.

4 SETTEMBRE

Un poliziotto me l'ha riportata a casa mentre pranzavo. È stata beccata a rubare da Woolworth's. L'agente mi ha detto che non l'hanno denunciata perché sanno chi è suo padre. Vuole che lo avvisi, ma io non posso. Lei adesso sta peggio che mai.

5 SETTEMBRE

Ho fatto un sogno. Ho visto un marciapiede. Mattoni. Un angolo di strada. Niente persone. Niente macchine. So che angolo è. E poi è stato come se il mio sogno sfarfallasse e gli occhi che guardavano l'angolo non erano i miei. Erano i suoi. Gli occhi della signora O'Reilly. E non sono occhi che guardano, ma occhi che aspettano. Hanno aspettato a quell'angolo per lungo tempo. Aspettano lei. E non avranno pace finché non sapranno che la loro bambina è atterrata dall'altra parte sana e salva.

9 SETTEMBRE

Il mio ultimo giorno l'ho trovata che dormiva con tutti i vestiti addosso. La guardia l'ha vista in cortile alle due del mattino. Suo padre l'ha presa in braccio e l'ha portata a letto. Quando si è svegliata ha litigato con me. Mi ha chiamato la sua cameriera. Ho pensato che volesse colpirmi. Non lo sapeva ma il nostro tempo insieme era quasi finito. Mentre stava lì a gridare e a piangere, mi è tornato in mente il sogno. Le ho detto di andare nel posto in cui è cominciato tutto. Da sua madre. Da se stessa. È stata fuori un sacco di tempo. Quando è rientrata, mi sono presa cura di lei. Ho smesso di fingere. L'ho messa a letto. Le ho massaggiato la schiena. Le piaceva. Mi ha tenuto la mano. Non la lasciava andare. Sono rimasta con lei tutta la notte. La mattina, ho messo i regali di compleanno nella sua stanza. Poi ho lasciato l'appartamento. Non tornerò. Prego che adesso stia meglio. Che sia più forte. Vorrei restare in prigione con lei ma è ora per entrambe di andare avanti. Prego che siamo pronte. Oh, diario, non la vedrò mai più! Oh, Cammie! Adesso ti chiamo così, come volevi tu. Niente signorina. Oh, Cammie! Ho il cuore a pezzi!

CAMMIE 2017

Ha dodici anni. Ellie, mia nipote. Questo è il momento che aspettavo da cinquant'anni. Da prima di incontrare suo nonno.

Siamo sul marciapiede di Airy Street, la facciata del vecchio castello che incombe su di noi. La sua reazione è proprio quella che avevo sperato. Occhi spalancati, bocca aperta. È sbalordita.

Quando ritrova la voce, è incerta per la meraviglia: «Nonna... pensavo che avessi inventato tutto. Tipo una favola della buonanotte». La sua mano cerca la mia e la stringe. «Quella è la Torre della Morte?»

«Sì» rispondo.

«La Stanza dei Salami?»

«In cima. Dietro quella finestra stretta.»

Si accosta a me. «Nonna.» Sembra stia per mettersi a piangere. Ma le passa in fretta e adesso mi sta spingendo. «Andiamo!»

Ci affrettiamo fino al portone, sotto l'insegna che dice: VOLIERA E CENTRO NATURALISTICO DI TWO MILLS.

Corre attraverso la Reception – che adesso è un negozio di souvenir – e sale le scale fino al vecchio appartamento. La massiccia porta rinforzata non c'è più.

Arranco su per le scale, dietro di lei. Adesso il salotto è diventato un ufficio. Un giovanotto siede davanti a un computer e ci ignora. Ellie corre da una stanza all'altra e grida: «E questa, cos'era?».

Solo il bagno è ancora un bagno. La mia voce certifica il passato: *Sì, è esistito tutto.* «La cucina! La stanza del tuo bisnonno! La mia stanza!»

E adesso sta salendo le scale che portano alla Torre. Mi grida dall'alto: «È vuota! Il cappio non c'è più!».

La sento saltellare in giro, strillando, fingendo di gettare olio bollente sugli invasori.

«Nonna, credo di riuscire a vedere Camarillo!»

«Potrebbe essere» dico. «Se guardi verso ovest.»

Siamo venute dalla California. Non tornavo qui da mezzo secolo. I ricordi sono un fiume in piena.

Torna da me di corsa, la faccia arrossata, senza fiato. Fino a dieci minuti fa non mi era mai venuto in mente che non avesse creduto a una sola parola di quello che le avevo raccontato in questi anni.

I suoi occhi si spalancano ancora di più, se possibile. Scandagliano la stanza. Ha capito. Sa esattamente dove si trova. Indica: «Lo striscione… stava lì?».

«SEI UNA TEENAGER!»

Mi saltella davanti. «E nonna, nonna! Per favooore…» giunge le mani come in preghiera «dimmi che l'hai fatto davvero. Che hai buttato fuori le Galeotte il giorno del tuo compleanno.»

Annuisco. «Tutte quante.»

Ogni gridolino di gioia provoca uno sguardo di disapprovazione da parte del giovanotto seduto al computer. Di tutte le mie storie sulla prigione, quella è sempre stata la sua preferita. Sale su una sedia pieghevole, che diventa subito un palco. Punta il dito verso la porta. Si arrabbia. Grugnisce. «Fuori! Tu! Tu! E tu! Fuori! Tutte! Andate via!»

Ci mettiamo a ridere. Mia nipote è divertente, socievole e molto gentile. Ringrazio ogni giorno che non sia come me alla sua età.

Si sta avviando di sotto, quando all'improvviso si ferma, si gira ed esclama: «Muso di porco!».

Ha sentito parlare del pasticcio di maiale per tutta la vita.

«È una cosa da colazione» le ricordo. «Domani mattina.»

Poi torneremo a Camarillo in aereo. Il giorno dopo ha una partita con la lega giovanile. Gioca con i Blue Sox. Interbase.

Tira il nastro verde che porto legato al polso. «E poi mi racconterai di questo.»

Non le ho mai detto di Eloda, almeno non direttamente, nominandola. Volevo che arrivasse prima all'età che avevo io allora. Sa che ho tenuto qualche segreto. Sa che ha a che fare con il nastro verde che indosso da quando abbiamo lasciato l'aeroporto.

Annuisco. «Tutto ti verrà rivelato.»

Lei batte le mani. «Evviva!» e corre giù per le scale.

La guido attraverso il blocco delle donne, che adesso è un auditorium per le scolaresche, e poi nel blocco degli uomini, che è più grande. Ellie guizza da un esemplare all'altro – uccelli parlanti... uccelli canterini della Pennsylvania... tre aquile salvate che non possono volare – ma io sono da un'altra parte... quasi sessant'anni fa e la guardia sta aprendo la porta e io sto correndo verso le celle per dire a mio padre della mia illuminante scoperta, che mia madre potrebbe ancora vivere come un angelo in un posto chiamato paradiso... e non capisco perché la mia euforia renda papà così triste e gli faccia mormorare parole devastanti che non significano affatto quello che sembra: «Certo, Cammie». Ho nove anni e molti altri ne passeranno e lui sarà morto prima che io trovi delle parole per ribattere: «Oh, sì, papà, gli angeli esistono e io ci credo perché era un angelo quello che mi hai dato quell'estate, un angelo che mi ha salvato la vita per la seconda volta».

Mia nipote arriva "cinguettando come una stornella", dice, e poi scappa di nuovo. Ellie. E di nuovo sono felice che mia figlia Anne mi abbia lasciato decidere il nome della sua unica figlia.

Quando ritorna, ha gli occhi spalancati ed è agitata e mi tira per il braccio. «Nonna, devi venire! Devi!»

Devi.

Le sue parole mi arrivano al cuore.

Devi.

Devi.

L'ultima parola di Thomas Browne. La frase incompleta. La misteriosa, stuzzicante sospensione.

Mi accorgo a malapena che Ellie mi sta trascinando

attraverso una serie di esposizioni e fuori dal vecchio blocco delle celle, e ora riesco a sentire il rumore. Voci. Bambini. Felicità.

Svoltiamo un angolo e il chiasso aumenta. Un altro angolo e... farfalle! Farfalle che svolazzano e bambini che strillano quando quelle atterrano sulle loro braccia, teste, dita.

«È la Casa delle Farfalle!» annuncia Ellie, trionfante.

«E la vecchia Stanza della Quiete» dico.

Si fa attenta. «Dove ti sedevi con Boo Boo!»

Annuisco. Sta diventando difficile parlare. La panchina è ancora là, imbullonata al pavimento di cemento. Il cielo è un secondo soffitto oltre quello di vetro. L'acqua continua a scorrere dalla carriola. Sorrido alle grida dei bambini. Adesso non è affatto una Stanza della Quiete.

Sono colpita dall'esuberanza e dalla meraviglia che ci sono in questo ambiente felice. Le farfalle, i bambini – tutto è così... presente. Non esiste cinque minuti fa. O ieri. O domani. Solo un glorioso *adesso*, e capisco finalmente che me lo sono chiesta troppo a lungo.

Devi.

Adesso.

Devi.

Sto facendo quello che hai detto, Thomas Browne. Ti sto consegnando i miei ricordi, per lasciarteli e saltare gioiosa fino a quella frase, che non è mai stata vuota come sembrava. Perché adesso so che intendevi: goditi le farfalle. Era questo, non è vero, Thomas Browne? Resta salda e goditi le farfalle.

Ellie mi sorride e mi accorgo che in quel sorriso c'è

qualcosa in più, e i suoi occhi si spostano dalla mia faccia a... ah!... una farfalla grossa come la mia mano mi è atterrata sulla spalla. Giro il collo per vederla. È di un bel blu con i bordi neri e delle macchie gialle.

«Nonna...» sussurra Ellie.

La zittisco: «*Sssh*».

Il tempo gira nella Stanza della Quiete intorno a me: io, la farfalla, l'espressione meravigliata di Ellie. Appare un altro esemplare blu, una copia di quello sulla mia spalla. Ci svolazza sopra. Ellie, concentrata su di me, non lo vede. Sposto lo sguardo. «Guarda...»

Lei la vede. «Oh, nonna...»

«*Sssh*. Resta ferma.»

Non riesce a trattenersi. «Dai... dai...» esclama. Muove la spalla, come per prepararla, come un invito.

«Resta ferma... ferma...» sussurro. «Verrà da te.»

E lo fa davvero.

RINGRAZIAMENTI

Ellen Adams è entrata nella mia vita come lettrice. È diventata mia amica, e poi la mia ispirazione. Come la narratrice di questa storia, Ellen Adams trascorse qualche tempo in una prigione: lei era davvero la figlia del guardiano. Ho paura che non riconoscerai molto della tua vita tra queste pagine, Ellen, ma il fatto è questo: senza di te, Cammie O'Reilly non esisterebbe, così come questa storia. Ci incontreremo presto a Norristow per festeggiare il nostro libro con dei panini (peperoni piccanti per me).

Altri si sono guadagnati i miei calorosi ringraziamenti: Rinky Batson, Becky Gilbert, Bob Hopple, Jeff James, Katie James, Dottie Lieb, Kaye Lindauer, Pete Pennock, Glenn Ritter, Dave Wetzel; il mio meraviglioso agente Bill Reiss; le mie sussurratrici di storie Nancy Hinkel e Nancy Siscoe; e mia moglie Eileen, mia prima lettrice e amica.

INDICE

A PROPOSITO DELL'AUTORE

JERRY SPINELLI

CHI È?

Jerry Spinelli, nato nel 1941 a Norristown (Pennsylvania) da una famiglia di origini italiane, è un autore noto per i suoi racconti per ragazzi. A sedici anni ottenne la prima pubblicazione sul giornale locale: fu allora che decise di diventare scrittore. I suoi romanzi hanno vinto moltissimi premi in tutto il mondo.

DI COSA PARLANO LE SUE STORIE?

Il rispetto delle differenze e una forte critica al conformismo, all'omologazione culturale e al mito del successo sono i temi di fondo delle sue numerose opere, tra cui ricordiamo: *Guerre in famiglia, A rapporto dal preside, Quarta elementare, La tessera della biblioteca, Tiro al piccione, Crash, Una casa per Jeffrey Magee, Misha corre, Fuori dal guscio, Gli indivisibili, Terza elementare, Stargirl, Per sempre Stargirl, La schiappa, La figlia del guardiano* e *Particelle atomiche,* tutti pubblicati in Italia da Mondadori.

LO SAPEVI CHE...

L'autore e la moglie Eileen, scrittrice a sua volta, hanno sei figli e, al momento, ventuno nipoti! Oltre a "scrittore", Jerry Spinelli si definisce "nonno, raccoglitore di bacche, accarezzatore di pony e ammiratore di stelle".

PER LETTORI IN CERCA DI...

JERRY SPINELLI

UNA CASA PER JEFFREY MAGEE

Jeffrey Magee è una leggenda: è imbattibile a baseball e, soprattutto, corre prodigiosamente. Si è messo a correre anche per scappare via da una famiglia che non lo voleva, e cercarne una nuova in un'altra città. Così è arrivato a Two Mills, dove per i bianchi non può essere amico dei neri, e per i neri non può essere amico dei bianchi. E abbattere un pregiudizio sembra più difficile che diventare una leggenda...

CRASH

Si chiama John, ma tutti lo chiamano Crash. Perché lui prende la vita a spallate, come in una partita di football. Crash ha sempre avuto tutto quello che voleva: soldi, vittorie e vestiti all'ultima moda. Penn invece è magro, mite, malvestito: insomma, un perfetto candidato a vittima degli scherzi di Crash. Ma l'amicizia segue le strade più impreviste...

FUORI DAL GUSCIO

David ha perso da poco la madre in uno stupido incidente e sta rivolgendo tutta la propria rabbia contro la nonna. Primrose ha visto il padre solo in fotografia. Vive in una roulotte con la madre, una sedicente chiromante, che prevede a tutti un futuro perfetto. Niente è perfetto in quest'amicizia travolgente, dove si litiga, si scappa, si è costretti a cercarsi e a ritrovarsi.

GUERRE IN FAMIGLIA

Lui è innamorato e passa buona parte del suo tempo a farsi bello, mentre lei pensa solo allo sport… Anche se sono fratello e sorella, Megin e Greg non potrebbero essere più diversi, e tra loro non tarda a scoppiare una guerra all'ultimo, perfido scherzo, sotto lo sguardo disincantato del fratellino più piccolo. Ma in poco tempo la situazione precipita…

GLI INDIVISIBILI

Jake e Lily sono gemelli speciali: pensano e sentono le stesse cose nello stesso momento. Sembrano davvero indivisibili fino a quando lui fa amicizia con un arrogante bulletto. Jake non passa più il suo tempo con la sorella, e lei ne soffre. Su suggerimento del nonno dal passato hippy, Jake prova a inventarsi una vita diversa. Ma gli resta il desiderio di condividere le sue emozioni con la sorella…

SCOPRENDO ALTRE STORIE DI...

JERRY SPINELLI

UNA CASA PER JEFFREY MAGEE

•

CRASH

•

LA FIGLIA DEL GUARDIANO

•

FUORI DAL GUSCIO

•

GUERRE IN FAMIGLIA

•

GLI INDIVISIBILI

•

MISHA CORRE

QUARTA ELEMENTARE

•

A RAPPORTO DAL PRESIDE

•

LA SCHIAPPA

•

STARGIRL

•

PER SEMPRE STARGIRL

•

LA TESSERA DELLA BIBLIOTECA

•

TIRO AL PICCIONE

PEFC
PEFC/18-32-03

Certificato PEFC
Questo prodotto è realizzato con materia prima da foreste gestite in maniera sostenibile e da fonti controllate
www.pefc.it